JN294159

10代からはじめる株式会社計画

経営学 vs 11人の大学生

亀川雅人［著］

創成社

10代からはじめる株式会社計画　目次

第1章 P・D・S（PDCA）の謎―経営学＝謎解き!?

経営学ってどんな学問？

オペラで有名な、東京芸術劇場を左に見ながら、私は少し早足で歩いている。

大学はもうすぐだ。

時間は、10時35分。あと5分で2時間目の授業。

そんなに急がなくても、十分に間に合うけど、授業は50人くらいの小さな教室。

後ろの席っていうのもちょっと嫌だし、一番前は超サイアク。

できれば、前から3列目くらいがお気に入り。

私の名前は松田教子。立教大学経営学部の3年生。

教子という名前は高校教師だったお祖父ちゃんがつけたらしい。学校の先生にでもなって欲しかったのかしら？　教わるのは好きだけど、人に教える柄じゃない。もう少し考えてくれても良かったのに！

でも、もう21年も私の名前。すっかり、私に成りきっている。

高校までは色白だったのに、最近はゴルフの練習で日焼けして1年中小麦色。ゴルフのサークルに入っているから仕方ない。

そうそう。私の所属するサークルは、ＲＧＣという愛称で呼ばれるゴルフサークル。ＲＧＣというのはRikkyo Golf Circleの頭文字。歴史も古い。これが結構楽しいんだな。

自分でいうのもなんだけど性格はいたって真面目。だけど、サークルの友達からも、クラスの友人にも、おっちょこちょいだと思われている。失礼な話よね。私は慎重派だと自負している。そして、何より男子には結構もてる方なんだ。ちょっと、自信家？


12月。そろそろ就職活動が始まる時期。おそらく、みんな不安でいっぱいなんだろう。将来の自分が決まりそうなのに、何をしてよいのかわからない。インターネットで情報検索をしたり、キャリアセンターで就職の相談を受けたりと、これまでになく真剣。

私にも、多少の不安はある。ずっと長い髪だったけど、ばっさり。ショートヘアで気分を変えたりしている。髪を切っても、不安が解消されるわけじゃないけど。

おそらく、最初に就職した会社は、私の人生にいろいろな意味で大きな影響を及ぼすに違いない。

だけど、目指すべき会社があるわけではないし、自分がどのような仕事に向いているのかもわからない。ゼミでは、中小企業のコンサルティングをして、ビジネスプランを提案してみたり、全国学生証券ゼミナール大会でディスカッションしたり、結構まじめに取り組んで来たつもり。

高校時代の友達はどうしているだろう。一番の仲良しは青山学院大学に入学した。親友なのに何学部に入学したか覚えていない。就職活動で、偶然一緒になるかもしれないな。ラグビー部のキャプテンは、明治大学を選んだ。経営学部か商学部だったと記憶している。きっと私と同じような勉強をしているんだろう。慶應の湘南キャンパスに入った友人もいたっけ。通うのが大変だと愚痴を言っていたけど、満足そうだった。

図書委員でクラス一の秀才は、運悪く一浪したけど東大に入学した。きっと一生懸命勉強しているに違いない。一度みんなと会ってみたい。久しぶりに近況報告などしてみても面白そう。今なら就職活動の話で盛り上がるかもしれない。

学部の授業で学んだことやゼミ活動など、これまでの大学生活3年間は、それなりに有意義だった。

会社の面接で聞かれても、学んできたことを、十分に説明できる。

それでも、「何をしたいか」というのはいまだに決まっていない。

だけど、私はそれもありと考えている。

選択肢は狭いよりは広い方がいい。

私は、どのような会社に入っても、どのような部署に配属されても力を発揮できると思う…たぶん、だけど。

というのも、私が学んだ経営学は、私に自信を与えてくれたから。経営学は、私を着実に変えているみたい。


この自信はどこから来たのかしら。

記憶を手繰れば、1年生のときの文化祭が思い当たる。サンドウィッチの模擬店を企画実行したあの経験。

随分昔のような気もするけど、あれはわずか2年前の出来事。

あのときの文化祭がなかったら、いまだに経営学を理解していなかったかもしれない。

文化祭の経験は、経営学を面白くしてくれた。

高校のときも文化祭を経験していたのに、当時はまったく経営学とは無縁だった。大学だって高校と同じようなことしかしていないのに、どうしてだろう。

経営学というメガネをかけたせいかもしれない。大学生とは思えないような偉そうな話だけど。経営学という新しいメガネは、新しい世界を見せてくれる。

レントゲン写真を見る医者は、私には見分けることのできない影から病巣を発見する。医学というメガネをかけたから見えるのね。化学を学んでいれば、文化祭で出店するサンドウィッチも、素材を化学的に見ていたかもしれない。

「この人の見方はユニークだ」とか、「面白い意見だ」なんていうことがあるけど、そもそも人間はみんな個性豊か。SMAPの歌にもある。オンリーワンかな。

自分の見方が他人と違うことを意識することはないけど、時々、あっと驚く意見や考え方に出会うと、感動だけでなく、喧嘩になったりもする。

とにかく、高校時代と違うとすれば、無意識のうちに経営学的なものの見方をしていたこと。…たぶん。

いまだにはっきりした理由はわからないけど、経営学が面白くなったことは確か。アルバイトも経営学の勉強の一助になった。店長の指示や行動、接客、アルバイト仲間との何気ない会話のすべてが経営学の題材だった。ゼミや授業で出される難しい課題は、文化祭で推理できる。いわば文化祭は経営学というミステリー小説を紐解く実践の場なんだ。

それでも「経営学って、どんな学問?」その答えは、簡単じゃない。3年生の私が格好つけようとしても歯が立たない。とにかく、いろいろな先生が勝手なことを言っている。科目を履修するたびに、「え? これも経営学?」という感じ。とにかく、たくさんのテーマが経営学として話されるわけ。新しい学問領域だから、先生たちも右往左往しているのかな。

そんななかで、単純な見方もできる。組織の目的を探し、その目的を効率的に達成する手段を選択し、実行する。そして、その結果を反省して、目的の修正や達成手段を選択し直して、再び実行する方法を検討する。

これは私がお勧めする経営学の単純な定義。つまり、Plan—Do—See。最近は、**PDCAサイクル**ということが多い。Plan—Do—Check—Action である。

覚えたての言葉を使えば、マネジメント・サイクルで、管理過程論とも呼ばれる。その創始者は、アンリ・ファヨール（Henri Fayol：1841-1925）というフランス人。彼は、鉱業会社の技師として入社し、30年間取締役社長を務めた。その経験から導き出した管理原則をまとめる。管理過程論の創始者であり、近代経営学の父とも称される。まあ私には、誰が創始者でも関係ないけど。

経営学は推理小説のようなもの—マネジメント・サイクル—

「おッス。教子。焦ってるね。まだ、遅刻しないだろ」工藤弘樹だ。彼は私と同じ経営学部の3年生。同じゴルフサークルに所属しているが、高校時代はサッカーに夢中だったみたい。なかなか端正な顔立ちで、人を惹きつける魅力がある。柔軟な性格で、柔和な人柄は敵を作

PDCA サイクル

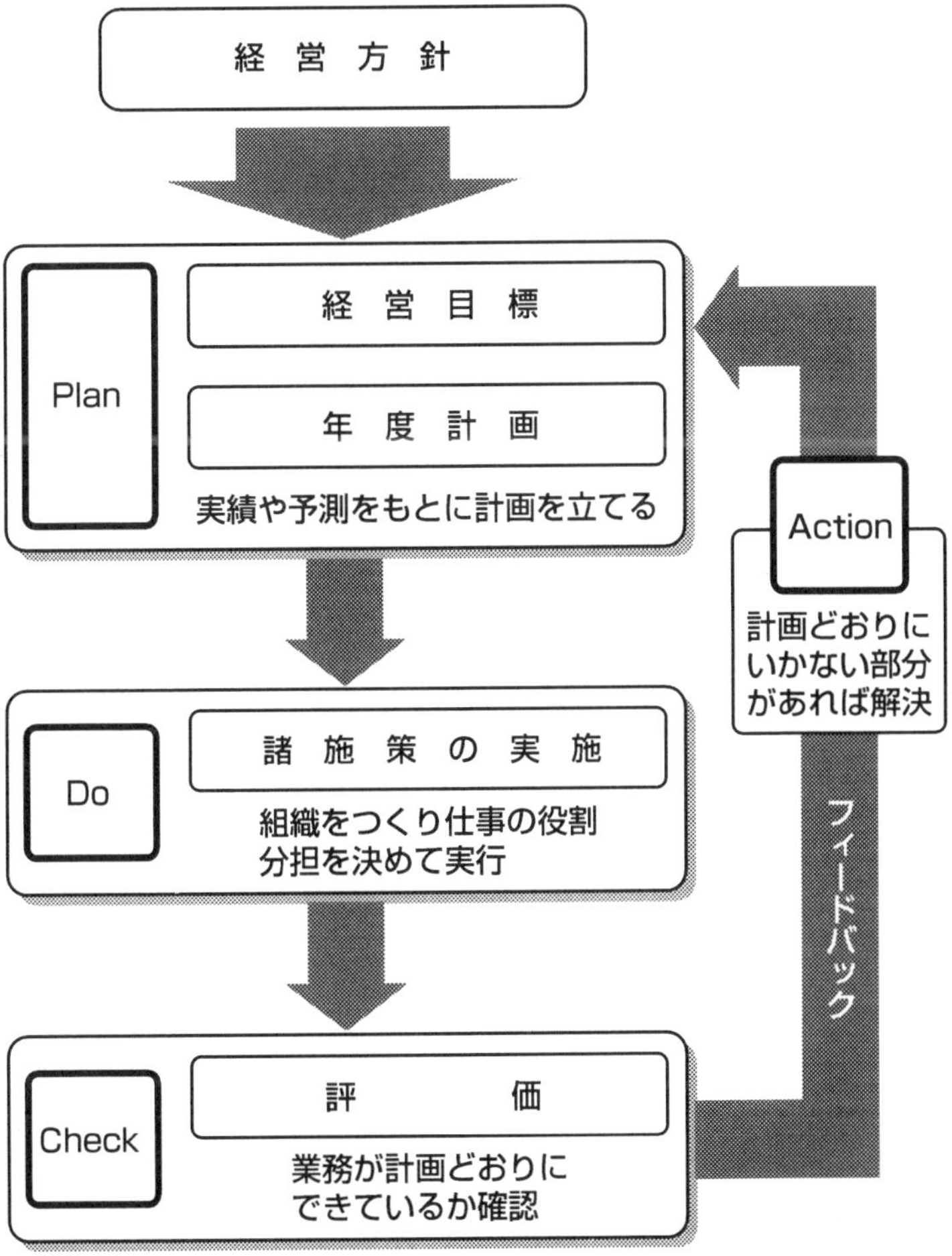
経営方針
Plan
経営目標
年度計画
実績や予測をもとに計画を立てる
Do
諸施策の実施
組織をつくり仕事の役割分担を決めて実行
Check
評価
業務が計画どおりにできているか確認
Action
計画どおりにいかない部分があれば解決
フィードバック

らないみたい。

「遅刻はしないけど。席がなくなったら困るじゃない」

「おはよ。弘樹。朝から教子とデート？」中里有美子、彼女もクラスメイト。そして、同じサークル。とてもまじめな堅物で不真面目な学生が許せない。練習も勉強も超熱心。背が高く、ドライバーの飛距離は男子顔負け。

弘樹とは授業が一緒のことも多いため、よく議論している。たまに興奮してエスカレートするけど、仲が悪いのではなく、まじめにＲＧＣの練習方法や学部の授業などを話しているみたい。

ちょっと羨ましい。

「デートじゃないわよ。いま会ったばかり」

「冗談よ。なにムキになってるわけ。顔、紅いわよ？」

「寒いからよ！」ちょっとムキになっている。私としたことが。

「ところで、冬休みの計画立てた？」有美子が話をそらしてくれたので助かった。

「俺は立てたよ」

「弘樹には聞いてないの」

「私はまだ。計画を立てても、いつだって計画倒れになっちゃうから」

「経営学部のくせに、プラン・ドゥ・シーができないんだ」弘樹のツッコミ。

「計画は実行できないことがあるから見直しが必要になるの！」

「教子は計画してないって言ったばかりじゃない」有美子に揚げ足を取られた。

「そういう有美子はどうなの？」

「スキーもしたいんだけど、就職活動もあるじゃない。でも2～3日はスキーもいいよね。デートもしなくちゃ」

「え？　デートかよ。そんな相手いたんだ」弘樹は私の方を見ながら、ありっこないという ような顔で首を振った。

冬休みの計画っていっても、スキーや就職活動、デートとか目的によっていろいろ。


経営学の単純な定義も、目的別に、あるいは手段別に検討すると奥が深い。私たちは、いつでも、いろいろな種類の目的をもっている。優先順位も考えなくちゃいけない。しかも、目的を達成するために、複数の人々が関われば、紐はねじれてくる。解きほぐすのが厄介になるわけね。

そもそも目的を見つけるのは、結構大変。「青年よ、大志を抱け！」これは簡単ではないから、こんな言葉が意味をもつのよね。目的には、重要なものもあるし、些細なものもある。「今日、洋服を買いに行く」という目的は、彼氏とデートするための手段かもしれない。「彼氏とデートする」という目的が、「洋服を買う」という目的の上位にある。下位にある目的は、上位の目的の手段ということ。

上位の目的を探索するのは難しい。「私が生きる目的は何か」こうした究極の目的に答えるのは至難の業。

目的には、物理的なものもあるし精神的なものもある。私は物理的目的も精神的目的もかなえたい。

二兎を追うタイプだから。洋服もバッグも靴も欲しい。そして、安らぎかな。恋もしたい。

経済的な目的、社会的な目的、心理的な目的などなど。

国家の目的は、地方の目的とは異なるだろうし、家族の目的、個人の目的という区別もできる。

私が就職するだろう会社の目的は、私の人生の目的とは絶対に違う。これは保証できる。

目的に対するアプローチが多様であれば、その手段もいろいろあるってことね。

目的に応じて、プランを立てる。計画には、将来のさまざまな予測が必要。タイムスケジュールに応じて人やお金、その他の必要なものを調達し、目的を達成するために最適な組み合わせを検討する。

目的を達成するための最適な計画が策定されたら、実行しなければ意味がない。

これがP—D—SのDoの部分ね。計画を実行するために組織を作るの。

組織の作り方や、人材の生かし方が検討される。人の扱いは難しいから、社会学があったり、心理学が必要になってくる。人間とは何かをいろいろな方法で考えるわけ。

そして、結果の統制、See。反省ね。成果は、次の計画に生かされるけど、実行の成果は、1回限りのものじゃない。スポーツの試合やゲームのように、1回ごとに終わって、やり直すというものじゃないんだ。会社は、人間の寿命と違って、仕事を順調に行えば何世代も生き残る。だから何百年も続く老舗企業があるわけね。

つまり、連続したプロセス。従業員からの不満が生じれば、解決するための計画を立案しなくてはいけない。

最初に立てた計画がそのまままうまくいくとは限らない。もし資金不足が生じれば財務計画を修正し、新たな手立てをしなければならない。それぞれに原因と結果を考察し、理論化をする。つまり、同じような事態が生じたときに、「どのような行動をとればよいか」という処方箋を作るのが経営学なんだ。

経営学の定義が曖昧なのは、こうしたアプローチの多様性にある。そして、これが経営学を難しくしている原因でもある。

誰だったかな？　マネジメントジャングルなんて表現したアメリカの経営学者。

私は、こうした多様なアプローチを楽しむ推理小説の読者のようなもの。もちろん、殺人事件も起こらないし、犯人探しなどはない。経営学というミステリーの謎解きね。

コラム　「ＰＤＣＡサイクル」について　弘樹からの質問

「先生、ＰＤＣＡサイクルについて実際の企業経営ではどうなっているんですか？」

「うん。企業経営では、さまざまなレベルでＰＤＣＡサイクルを実施しているんだよ。企業の方向性を決めてしまうような戦略を策定する場合を考えてみてごらん。たとえば、家電メーカーがオール電化事業に取り組み、住宅関連のビジネスに進出する計画（Plan）を策定するとしよう。これまでのビジネスの常識や知識はあまり役に立たないだろうから、大変な仕事だよね。だから、常識的に半年や1年で結果が出るとは考えない。3年で成果が出れば上出来だよね。経営者は、5年程度の期間を想定しているかもしれないだろ。あるいは10年単位で考えているかもしれない」

「10年は長いですね」

「そうだね。10年一昔。成果を得るまでに時間がかかるということは、それだけコストもかかるということなんだ。だから、Plan は慎重になる。そして計画が策定されると、その計画を実行するために役割の分担、つまり組織作りになる。Do だね。新しい事業領域に対する期待の大きさは、組織の大きさに関係する。独立した事業部を作れば、簡単にはやめられなくなる。従業員の雇用も必要になれば半年くらいで評価（Check）し、改善（Action）するというわけにはいかないだろ」

「そうですね」

「こうした中長期の計画策定も、毎年の行動の積み重ねによって達成される。年度の予算が策定され、計画と結果が評価され、改善すべきところを見つけて、翌年度の計画策定に生かされる。毎年の行動は毎月の行動の積み重ね、毎月の行動は、毎週、日々の行動の結果だ。だから、中長期の計画は、各年度の計画となり、毎月の目標、毎日の行動目標に降りてくる。つまり、日々の目標が設定されており、これを実行しつつ、その結果を日々評価し、改善すべき点を確認して、次の日の計画と実行という流れになる。営業担当者は、住宅販売やリフォームの受注かもしれないけど、日々の目標の達成度合いが、最終的にはオール電化事業の評価や改善となって新たな戦略の策定に関与しているわけなんだ」教授はすぐに講義モードに入ってしまう。

「そうか。企業はゴーイングコンサーンでしたね。未来永劫にわたってビジネスを継続するから、PDCAを繰り返すわけだ」

「その通り。しかも、一度開始した事業を撤退するというのは結構大変な決断だよね。時の経過とともに事態を評価して、計画そのものを完全に見直しすることになる。DVDレコーダーの規格競争で、東芝はHD－DVDを開発し、ソニーや松下のブルーレイ・ディスクと競争していたんだけど、劣勢を予想して潔く撤退を決めたのを知ってる？　これは大変なことだよね。完全に負けが決まる前に、戦略を見直したわけだ。東芝は、製品開発にかなりの投資をしてきたはずだからね。でも、負け試合を続ける可能性が高いと判断し、勝てるゲームへの転換を図ったんだね。これはなかなかできない。立派だね」

「相当勇気がいる決断ですね」

「こうした決断を市場は結構評価するんだ。株主もね」

「人生もやり直しができれば、思い切った意思決定ができるんですけどね」

第2章 クリスマスツリー事件――人生設計は経営戦略論そのもの

大学進学は大変な意思決定!?――ポジショニング

私はテレビの2時間サスペンスが大好き。一話完結だからね。30分も事件の起こる地域の説明をしていたり、ちょっと長いかなと思うこともある。肝心な事件が始まる前に眠くなる。

だけど、サスペンスドラマでは、事件や犯人をめぐる舞台設定が重要。地方の史跡や歴史が紹介され、人々の暮らしが描写される。事件や犯人は、その背景と無関係ではない。1人の人間が孤立して事件を起こすということもない。舞台背景は、事件と一体なんだ。

舞台は立教大学。東京6大学の1つで、創立135年の歴史をもつ総合大学。6大学というのは、東京6大学野球連盟の大学で、早稲田大学、慶應大学、明治大学、法政大学、東京大学が加盟する。

なかでも立教大学は、最も規模の小さな都市型の大学。

だから、地方では長嶋巨人軍名誉監督が卒業した大学であるということくらいしか知られていない。

実は、結構多くの有名人を輩出しているのに、なぜか、卒業生たちはあまり出身大学名を語らない。

そういえば、立教の創始者であるウィリアムズ主教は、「道を伝えて己を伝えず」という言葉を残している。言い換えれば、目立ってはいけないということかな。

でも、それでは立教の良さも伝えられない。

早稲田大学の創設者は大隈重信、慶応義塾大学は福沢諭吉。誰もが知っている。

でも、創立者が有名な大学は多くない。100年以上もの間、創立者の理念や思想が生き続けるというのは大変なことかもしれない。

わが家の家系図ってあるのかな？　おじいちゃんの名前は覚えているけど、曾おじいちゃんの名前は知らない。聞いたこともない。

大企業でも松下幸之助や本田宗一郎など、創業者の名前が残っているのはほんの一部。個人の名前は消えていくのかもしれない。創業者の名前を大事に残そうとする努力の傍らで、創業者の呪縛から逃れようとする経営者もいるんだろう。

同族企業やファミリービジネスという言葉を聞いたことがある。創業者がシンボルだったりする。財閥なんていうのも家が重要。ん？　マツモトキヨシは、社名が個人の名前。企業と人や家族などの関係について考えなくちゃいけないな。

大学や企業は、生き続ける。生き続けようとする。伝統を守ろうとする。校歌や校旗を作り、シンボルマークや大学のカラーを決める。野球や、サッカー、バスケット、ラグビー、駅伝などのスポーツで愛校心をくすぐる。会社も同じね。

こうした活動のすべては、大学や会社の経営戦略の一環なんだ。私が立教大学を選んだ理由も、こうした問題と無縁ではないみたい。早稲田や慶應、あるいは青学や明治ではなく、立教を選んだ理由を経営学で解き明かせるかしら。

そもそも、私が立教大学への進学を決めたのは至って単純な理由だった。

それは、何かというと、「クリスマスツリー」。

立教大学には2つのキャンパスがある。ターミナル駅である池袋キャンパスと東武東上線の志木駅にある新座キャンパス。新座キャンパスの歴史は浅いけど、広々としていた新座キャンパスにも視界をさえぎる教室棟や研究室が建設されることになった。近代的建物群は新しい立教の雰囲気を醸し出している。

一方、池袋キャンパスは歴史がある。正門を通ると正面に蔦《つた》のからまる時計台の本館が目に入り、まず、大学の歴史を感じさせてくれる。

この建物はモリス館とも呼ばれ、よくテレビのコマーシャルなどでも使われている。本館の左には図書館、右にステンドグラスの美しいチャペル、そして本館の時計台の下を抜けると正面に第一学食、左に2号館、右に3号館が左右対称に建っている。どれもレンガ建ての英国風学び舎で、まさにハリー・ポッターの世界そのまま。私が立教大学を選んだ理由の1つは、この美しいキャンパスにある。

明治大学や法政大学のような高層の校舎をもたない、箱庭のような大学。都会の真ん中にあるから、かなり非効率で、維持するコストも結構かかるに違いない。それでも、伝統あるキャンパスだからこそ維持することが大事なんだ。理由のないコストは経営学では許されない。


12月の夕方になると、昼間は目立たない大きな2本の銀杏の木に暖かな色の電球が点灯し、クリスマスツリーになる。

高校2年生の12月、友人がクリスマスパーティーに招待してくれた。彼女の家は、立教大学の傍にある高層マンションの9階。マンションの真ん中よりも少し下の階というのは、中途半端だが、上の方の階になればなるほど販売価格が高くなるみたい。

でも眺めは十分。立教大学もよく見える。夕方になると、あたりの家々に明かりがともり始める。そろそろ帰ろうというとき、友人が声を上げた。

「あ、綺麗。ほら、大学のツリー」

「わっ。本当。近くまで行けるかな？」私は帰り支度をして聞いた。

「うん。一緒に行ってみよう」

友人も、今年の夏に引っ越してきたばかりで、立教のクリスマスツリーははじめてらしかった。

「寒いね。でも、綺麗だね」

2人でケータイのシャッターを切った。

立教大学のクリスマスツリーの幻想的な美しさに惹かれ、このとき進学したいと思った。単純な自分を反省しつつも、大学選びとはこんなものかもしれないと思っている。偏差値で受験可能な大学を決めるよりは、クリスマスツリーで大学を決める方がお洒落じゃない。まったく合理的ではないけど、人間の意思決定には不合理な部分がある。もしコンピュータのように機械的に判断できたら、文学の世界はどうなっちゃうんだろう。心理学なんか必要ないかもしれない。こんなことを考えても、結局、私の大学選びを正当化するものにはならない。

だけど、いまになって考えると、やっぱり、大変な意思決定をしていたみたい。

自分の将来を決めてしまうような意思決定。かりに、私が美容学校や調理師学校に進学していたらどうかしら。私が就職しようとする方向性は、この進学決定によってかなり決まってくる。

医学部や歯学部、あるいは薬学部でも同じ。立教大学へ進学すれば、医者の世界とは無縁になる可能性が高い。医学を勉強する学部がないんだもん。そう、少なくとも、現在の私は医者になろうとはしていない。選択肢にもない。

大学の進学という意思決定は、自分の将来を決めてしまうような戦略的決定。

自分を取り巻く将来の社会環境を予測しながら、社会における自分の立ち位置を決めなくちゃいけない。**ポジショニング**ね。

私が将来社会にとって貢献できるか否かを決めてしまう。貢献といっても、有名人になることばかりじゃない。すべての仕事は、社会に貢献するからこそ存在している。社会に必要のない仕事に就けば、リストラされる運命にある。社会に貢献できなかったということになるのかな。

「不運だった」では済まされないよ。

将来の環境を予測するというのは、将来の社会の仕組みを考え、何が必要な仕事であるかを考えること。でも、高校生にそんな将来を予見することなんかできない。

一昔前は、いったん就職すれば職業は保証されていたように思える。終身雇用っていうやつよね。新卒で会社に就職したら定年退職まで同じ会社で仕事をする。

でも、いまは絶対つぶれないと思っていた会社が倒産したり、必要であった仕事が機械化によってなくなる時代。

自動車のエンジンがモーターに変わったら、エンジンの部品を作る職人はどうなるんだろう。そんな時代を予想して、将来の設計をしなさいと言われても不可能かもしれない。とりあえずの方向を決めるだけ。「えい！ この辺で手を打つぞ。ってね」

運よく自分の進むべき方向性が決まる人も、方向が定まらない人も、とりあえずは受験勉強するから困っちゃうんだ。目的がないから、手段を選択しようにも定まらない。「何をしたいんだ？」とか言われてもね。

とにかく、大雑把に進学の方向を決める。文系とか理系とかね。あるいは国立と私立といった意味のない分類。そうなれば、受験勉強が始まる。

これは戦術的な意思決定。

高校2年生のはじめに方向性を決めれば、受験日までの戦術を策定することになる。合格するためのいろいろな手段を考える。予備校選びや日々の勉強のスケジュール、参考書やテキストの計画的な勉強が、受験日までのスケジュールとなって計画され、実行される。

怠ける日があれば反省し、予定以上に進めば自分にご褒美をあげよう。ご褒美も目的の大学に合格するための動機づけになる。動機づけも立派な経営学。

そして、大学に合格すれば次の戦略的意思決定が必要になる。人間は、目的があり、これを達成する手段を考え、これを実行しているときに成長していく。

もちろん、常に反省が必要。自分の能力や適性がなければ、軌道修正も迫られる。戦略的な決定を変更しなければならないかもしれない。

私の場合は、特別に戦略的意思決定をしたわけではなかった。現在に不満がないのは、運が良かっただけかもしれない。運任せというのは経営学では最悪の意思決定。

それでも、最善の選択になることがある。苦労する人が報われるとは限らないのが人間の社会。3億円の宝くじに当たった人が努力してたなんて聞いたことない。確率論的に考えるべきなのかしら。経営学は数学も大事。

目標とする大学を決めてから、学部選び、学科選びとなった。本末転倒であることは重々承知している。大学選びの本や学部案内、学科の内容を調べると、自分のやりたいことや将来の就職先との関係が説明されている。

本当は、自分の人生設計が先にあり、どのような仕事に就きたいのか、将来の夢を実現するために学部・学科を選び、そのうえで最後に大学を探すという手順が正当なのに。そんなことは百も承知していた。でも、いざ受験となれば、そんなの無理なんだ。

高校2年生の私には自分の進むべき方向が見つけられなかった。これが現実だから仕方ない。格好つけようにもつける内容がないのだから。

それに、戦略的意思決定の重要性を知らないまま、安易に自分の方針を決定するのは危険。経営学を勉強してみると、やりたいことや興味のあることだけで大学を選べないことがわかる。

作りたいから作っても売れない商品では意味がない。サービスしたいからサービスするといっても、必要とされないサービスは不快にさせるだけ。世の中の企業が失敗するのは、自分の会社の論理が前面に出てしまうからなんだ。

顧客あっての会社。顧客を考えないで、会社のことを考えても駄目。人生設計を考えれば考えるほど、好きなことや、やりたいことだけでは、大学を選ぶべきじゃない。勉強が生きるために必要であるなら、なおさら。趣味と実益は簡単には兼ねられない。

将来の社会的環境に適した学部学科を選択するというのは、自分の好きな勉強ではなく、社会に必要な勉強をすること。

人生設計はとても難しい。「好きこそ物の上手なれ」というけど、好きなことをしていても、世の中に受け入れられなければ意味がない。大学の教授も高校の先生も、そんなことがわかっていないのかな。

目的が決まらなければ、行動に移せないけど、目的を決めるっていうことが、一番難しいことなんだ。だから、みんな悩むんだよね。

人生設計は経営戦略論そのもの―SWOT分析―

人生設計は経営戦略論そのもの。

実践的な経営戦略論[1]の勉強では、よくSWOT分析が登場する。これは経営学部の1年次から何度も使った。

SWOTは、個人や組織が目的を達成するために組織や自分の強み（Strength）と弱み（Weakness）を分析し、外部の機会（Opportunities）と脅威（Threats）に対応させて現状を把握し、意思決定に役立てる戦略的ツール。

大学受験のSWOT分析をしよう。私は理系の科目が苦手。だから、目標は人文系の学部に合格すること。経済学部や経営学部でも数学や統計学が必要なのは知っている。でも、受験勉強での苦手科目は敬遠したい。

文系受験を決めれば、自分の強みと弱みを分析しよう。

強みは何だろう。結構、暗記力はある。英単語も良く覚えることができるし、漢字の書き取りや歴史も頭に入る。

弱みは、応用力や文章力かな。本当は、暗記力なんかより、この力が大切なんだよね。暗

SWOT 分析（大学受験を例にとった場合）

機会（Opportunities）	脅威（Threats）
◎文系の学部や学科の数は増えているのだろうか。 ◎暗記力を生かせる試験を実施する大学が増えれば追い風。 ◎暗記力の試験の配点基準が高くなれば追い風。	◎受験生の数の増加は、受験戦争を激化し、私の入試には向かい風。 ◎試験の傾向が応用力重視になれば、私の能力にとっては向かい風。 ◎文系学部の人気が高まると私の入試には向かい風。
強み（Strength）	**弱み（Weakness）**
◎暗記力はある。英単語も良く覚えることができるし、漢字の書き取りや歴史も頭に入る。	◎応用力や文章力が弱い。

⇩

現状の分析

私の能力の向かい風か
追い風かを認識する。

（1）経営戦略論は、1960 年代に米国のビジネススクールなどで講義されるようになる。70 年代には事業の多角化が主要なテーマとなり、80 年代は戦略論の古典とも称されるマイケル・ポーターの『競争の戦略』の出版などもあり、競争優位の問題に焦点が当てられ、90 年代以降はグローバル化やイノベーション、コア・コンピタンス、ドメインなど多様な戦略論が展開される。

記はコンピュータに任せればいいんだし。

自分の強みが理解できれば、追い風になる要因を考えよう。文系の学部や学科の数は増えているのかしら。受験機会が減れば強みは生かせない。そのなかで、暗記力を生かせる試験機会はどうかな。試験の配点基準も重要。

脅威は、受験生の数ね。人気が高すぎれば競争倍率が高い。試験の傾向が応用力重視になっても困る。まさに向かい風。

私の進学には、別のこだわりもあった。現役合格。浪人生活も悪くないけど、予備校にはこれ以上通いたくなかった。早く大学生と呼ばれたかったし、早く大人になって社会人として自立したかった。

自立って言っても、その意味は言葉では理解できていたけど、実感としてはわからなかった。親離れをしたかったのかもしれない。早く一人前の大人に見て欲しかったのかもしれない。背伸びしたい時期だった。そんなことで現役合格を目指した受験勉強が始まった。

浪人リスクを考えると、偏差値で安全圏にある学部・学科のみならず、複数の学部・学科を受験する必要がある。本当に戦術的なんだ。

合格可能性の高い偏差値の低い学部・学科を受験することも考えた。高い偏差値の学部・学科も受験する価値はある。もしかして運が味方するかもしれない。結局、受験する学部は、偏差値と受験日程をにらめっこして決めた。

クリスマスツリーによる志望校選びも、戦術的には偏差値をクリアしなければならない。4学部に絞り、絶対受かってやるという自信はあったけど、湯島天神で合格祈願をした。いま考えるとキリスト教を建学の精神とする大学受験に節操もない。

試験当日は緊張したし、100%の実力を発揮できたわけじゃない。それでも、見事に合格。合格祈願が効いたのかな。結果は3勝1敗だった。

合格発表後は学部選び。法学部は将来の弁護士や検事になる人が入学するのだろうか。社会学は、何を学ぶんだろう。高校の先生に相談したが意味不明な答えだった。入学してから考えなさいということなのかな。1勝3敗であれば悩むことはなかったけど、贅沢な悩みよね。

私は、何を悩んでいるのかわからないまま経営学部を選んだ。一番新しい学部だったからかな。理由はない。

経営学なんて習ったこともない。なんとなく企業の経営について勉強するんだろうって思ってた。「経営」という言葉を知らないのに「企業の」という言葉が付くだけでわかったような気がする。

社長になるための学問？　経営学に対する漠然としたイメージはもっていたけど、学びたいという明確な意志はなかった。

やっぱり、私が立教大学を選んだ理由はクリスマスツリーなのかな？　でも、もし立教大学が誰でも合格する大学だったら選んだかしら。伝統も歴史もない大学だったら……池袋ではなく、私の家からは通えそうもない横浜だったら受験できっこない。レンガ建ての校舎の代わりに、プレハブの建物が教室でも受験しなかっただろうな。

その他にもある。キャンパスがゴミだらけだったら、理系の学部しかなかったら、とにかく、いろいろと考えてみるとありえないと思う。

つまり、私はクリスマスツリーだけで選んだわけではない。そう思っているだけのこと。立教の選択は、1つの理由ではなく、いくつかの複合的な要因が重なっていることに気づいた。

どの大学受験にも当てはまる。あるいは会社でも同じ。自社の製品を購入してもらう理由は、1つじゃない。高価なバッグは、銀座のおしゃれなお店だから買ったのかもしれない。おしゃれな格好をして、ショッピングを楽しむ行為は、高価なバッグと無縁ではないから。

時には過剰な包装も大事なことがある。高級な商品にはそれなりのパッケージが必要。商品を購入する人たちも私の購入に影響している。選ばれた人が購入していると思うから、私も購入したいんだ。私の大好きなお洒落な有名人が買ったバッグを買いたい。バッグの機能性などは二の次。何も入らなくたって、いいときもあるよね。

もう一方で、ブランドのない商品やサービスがある。スーパーで買う野菜に立派な包装は必要ない。価格と品質や機能が勝負なんだ。品質と機能に見合った価格競争が繰り広げられる。

低価格でも、競争に勝ち残ればブランド商品になる。ユニクロは、価格は安いが品質の良い商品であることが認知されるブランド。

教育機関も同じ。伝統やシンボル、校舎などは、必ずしも教育内容じゃない。つまり、商品としての機能とは直接関係ない。そこに集まる学生は、同じように選ばれた人であり、ブランドを選ぶ消費者と同じなんだ。

キャンパスの雰囲気が重要ということ。

だけど、教育機関のすべてが、こうしたブランドを形成するわけじゃない。資格試験の合格率を重視する大学や専門学校では、合格率がブランド形成に重要。機能的な教室や資格試験に適した教育内容が肝心になってくる。

私の進学は、大学がつくった経営戦略にはまっちゃったのかも。こうしたセグメント別市場のなかでターゲットにされたんだ、きっと。ん？ ちょっと専門的かな。

セグメントっていうのは、分割や区分っていう意味。「市場」を「いちば」って読まないようにね。私も最初「いちば」って大きな声で読んで笑われたから。「しじょう」って読むんだよ。

経営学や経済学では普通は「しじょう」って読む。「いちば」って読むときは、具体的な地名や取引の具体的な場所を指すことが多い。しかも、大量に取引するような場所。「しじょう」って、物やサービスを売買する場所も指すけど、むしろ抽象的な概念。売買することを「しじょう」取引っていうんだ。

だから、セグメント別市場っていうと、好みに応じて区分した売買の場所や取引ってこと。私の好みにあった大学を大学が用意したってことかな？

この問題は、あとで十分検討しなくてはならない問題ね。私が購入した製品やサービスは、どれだけ私の意志によるものだったのかしら。

製品の価値やサービスを適切に反映している価格だったのかしら。

商品に対する満足感は、千差万別。すべての人に愛される製品やサービスはない。物不足の時代には、みんな同じモノで我慢するしかないけど、本当は自分の好みを抑えているのよ。どこかで市場を分けて考えなくちゃ、誰にも好まれない商品を販売することになる。

万人に受ける商品なんていうのはない。

私が大学進学を決めた動機はなんだろう？　自分を科学的に分析したことはない。みんなが進学するから？　経営学のモチベーション理論を学んでみればわかるのかもしれない。

そういえば、**マズロー**という心理学者の話は経営学でよく取り上げられる。人間の欲求は基本的なものから、高度で複雑なものまで5段階に分かれてるんだって。

つまり、飲食や睡眠などの欲求から、秩序や人間同士の相互理解、自尊心や他人から認められたいという欲求、そして自分自身を実現するという高度の欲求水準。なりたい姿やあるべき姿を実現するというのが最高の欲求なんだ。(2) 私が進学しようとしたのは、どの欲求を満たすためなのかな。

マズローの欲求（欲望）段階説と体験的自説

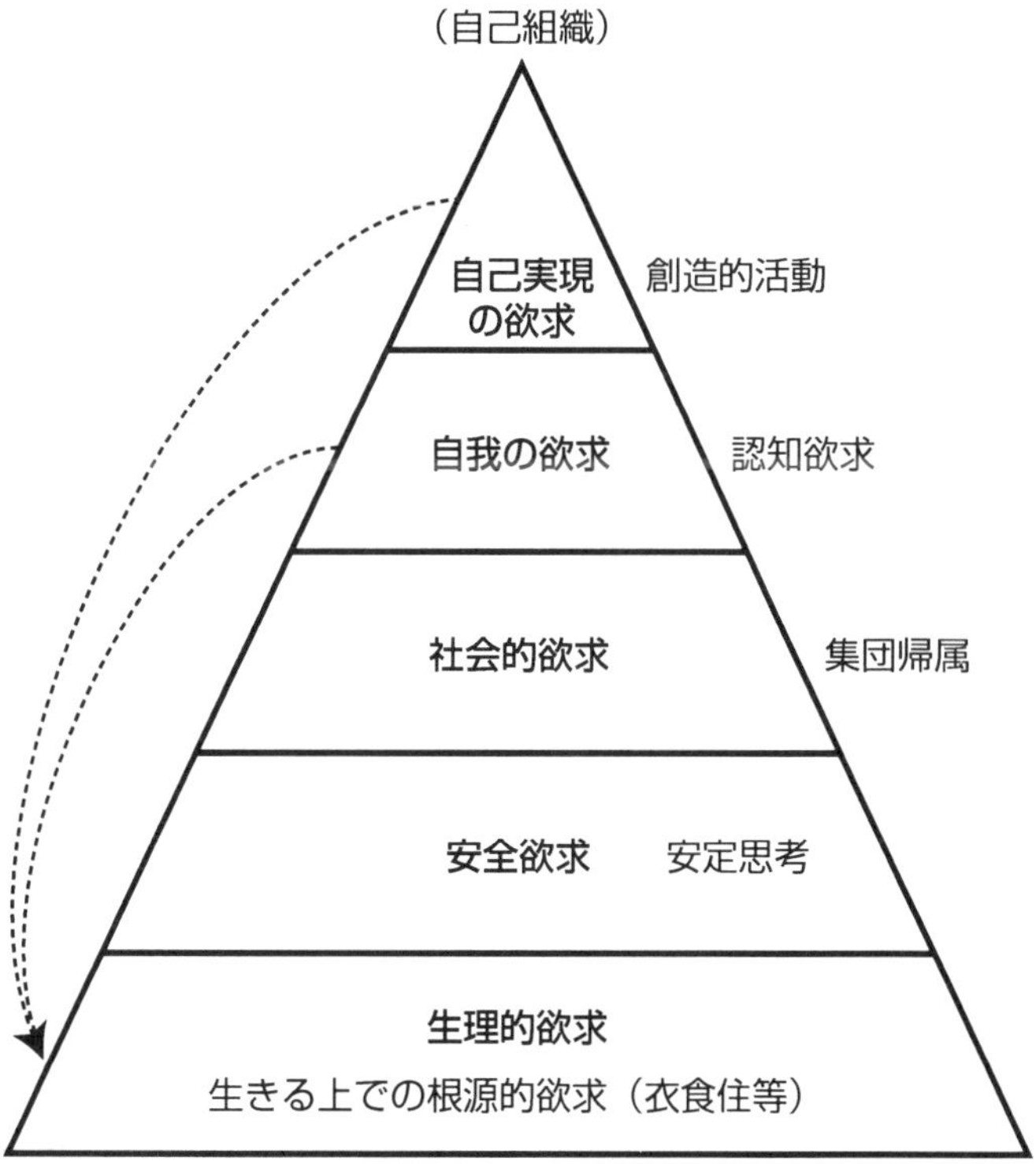

（2）マズロー（Abraham H. Maslow：1908-70）は、生理的欲求、安全欲求、社会的欲求、自我の欲求、自己実現の欲求という５段階の欲求説を展開した。

コラム　「SWOT分析」について　有美子からの質問

「センセ、ちょっといいですか。SWOT分析をしたくて。でも、機会と強みがごっちゃになったりして」

「よくあるよね。簡単な例で軽自動車や小型車メーカーを考えてみよう。ガソリン代の高騰は、この自動車会社自身の問題かな？　あるいは自動車会社を取り巻く環境の問題かい？」

「自動車会社ではどうしようもないです」

「そうだね。コントロールできない問題だよね。だから外部環境だね」

「自動車税や排ガス規制、公共交通機関や道路整備については？」

「はい。外部環境です」

「自動車免許の保有者数、為替レートの変更、利子率の変更も、外部環境。これは、機会と脅威に分類される。追い風が機会、向かい風が脅威だ。でも、機会と脅威は簡単ではないんだ。ガソリン代の高騰は脅威だと思う？　あるいは機会かな？」

「脅威ですよね」

「そうともいえない。多くの自動車会社が大型で燃費の悪い自動車を生産していれば、この会社にとっては機会になる」

「なるほど。そうですね」

「でも、一時的かもしれない。ガソリン代がさらに高騰し、長期化すれば、軽自動車を生産する会社が増えるかもしれないし、軽油を使用するディーゼルエンジンやバイオエタノールなどの代替エネルギー、電気自動車などの開発が加速化する。新しい競争相手が登場するわけだ。こうなると脅威だよ」

「自動車税の増減についても考えてごらん」

「はい。税金が増えるなら脅威ですが、軽自動車だけ優遇されれば機会になりますね」

「そうだね。円高になれば輸出が厳しくなるけど、部品や原材料の輸入価格は低下する。脅威にも機会にもなる。中国やインドなどのアジアの国々の経済成長はどう思う?」

「輸出が増えるかも。現地生産も必要ですよね。これは機会ですよね。だけど、所得が上昇すると軽自動車から高級車にシフトするかも」

「そうだね。同じ問題も、機会であったかと思うと脅威にもなる」

「こうした外部の問題に対して、自社の問題が強みと弱みの分析だよ。たとえば、営業の店舗を多数所有していれば、営業力は強いといえる。もちろん、営業に携わる従業員の人数や経験は重要だ。この会社は、小型のガソリンエンジンについては強みをもっている。しかし、研究所や研究員が十分でなければ、開発能力に弱点をもつ。ハイブリッドエンジンや電気自動車などの開発能力は弱いことになる」

「なるほど。先生、わかってきました」

「外部の環境の分析により、弱点を克服する必要性が高ければ、経営資源の使い方を変更しなければならない。あるいは、弱点を補うことを考えねばならない。強みが機会とむすびつけば、自身をもって計画を実行できるわけだね」

第3章

カラーの謎——売り手と買い手の騙し合い

実態は入ってみなくちゃわからない——情報の非対称性——

入学すると経営学に対する疑問は消えていた。疑問が解消されたわけじゃない。私の頭のなかから忘れられていったんだ。どうでもよくなったのかしら。

経営学の授業はあるけど、1年生のときは語学や教養科目が多い。高校のときにできなかったアルバイトも始めた。入学前にあれほど考えていたのに、夏休みが終わる頃まで、経営学について考える暇はなかった。

おかしな話。経営学部の学生になったのに、経営学とは何かを知ろうという大事な問題を忘れていたのだから。

そういえば、早稲田の商学部を卒業した叔父さんが「大学には毎日通ったが、授業には出ないで近くの雀荘（マージャンをする場所）にばかり行っていたよ。最近の学生はよく授業に出席するね。私なんか、商学がどのような学問なのか知らないまま卒業したから、いまでも勉強し直したいという意欲があるんだ。だから大学時代にしっかり勉強しておいた方がいいよ」って。

叔父さんは大手商社の重役。大学時代の話は楽しそうで、お酒が入ると校歌を歌ったりする。なんだか時代劇みたいな人。

そんな叔父さんですら勉強していなかったんだ。自分の入学した学部で何を学び、何を知ったのかを知らないまま卒業する人は多いのかもしれない。受験勉強に疲れて、入学したら遊ぼうと思っている人もいるから。

私の場合は、居心地が良すぎたのかな。

経営学部では毎日のように授業に出席し、忙しく課題をこなしたけど、緊張感がない。ストレスがない。

入学したときから、私はキャンパスに溶け込むことができた。

そういえば、進学相談に行ったときにも感じた。いくつかの大学の進学相談会に参加したとき、大学の雰囲気や学生気質などを肌で感じた。私には向く大学と向かない大学がある。私は、これを言葉で説明できない。感覚的なものなんだ。

早稲田大学の雰囲気や慶應大学の気質、明治大学や法政大学にもそれぞれのカラーがある。おそらく、不本意な入学をしたり、自分の居場所を見つけられない学生、あるいは5月病にかかる学生の多くは、大学のカラーと自分のカラーが合わなかったのかもしれない。

きっと、こうしたカラーの相違は、ものの見方や考え方、やる気や行動にも影響をしているに違いない。

宗教や民族の違いで紛争になるのも原因はこの辺りにあるのかな。私はキリスト教徒じゃないけど、ミッションスクールを選んだ。仏教系の大学とは考え方や行動が違ってくるのかしら。国立や市立大学とは違った意見をもつことになるかも。

まだわからないけど、建学の精神がある以上、私は少しずつ変化してきたのかもしれない。

高校時代には意識しなかったけど、サークルやクラブ、ゼミなどにもそれぞれに雰囲気がある。

就職する会社にもカラーはあるよね。テレビ関係の仕事なんかは派手そうだし、お役所仕事は、ちょっと暗そうなイメージ。スーツ姿で堅苦しい会社もあれば、ジーンズの会社もある。会社の雰囲気になじめないで何十年も働くのは苦痛だな。

建学の精神と同じように、創業者の理念や使命が従業員1人ひとりの考え方や行動に表れているかも。それとも、入社した1人ひとりが雰囲気を作るのかしら。どっちみち、組織に同化できなければ居心地は悪いだろうし、間違った会社選びはしないようにしよう。

実際、経営学部の授業でも、企業文化論[3]や異文化経営論[4]なんてものがある。経営理念や経

（3）経営資源が同じでも、それぞれの企業で経営環境への適応に差を生み出す。その原因にはさまざまなことが考えられるが、「企業文化」の果たす役割は大きい。企業文化は、経営者や従業員の思考や行動、経営戦略の策定・実行に影響を与える。同時に、企業文化は、経営者のリーダーシップや従業員などにより形成される。企業文化論は、こうした諸問題を扱う。

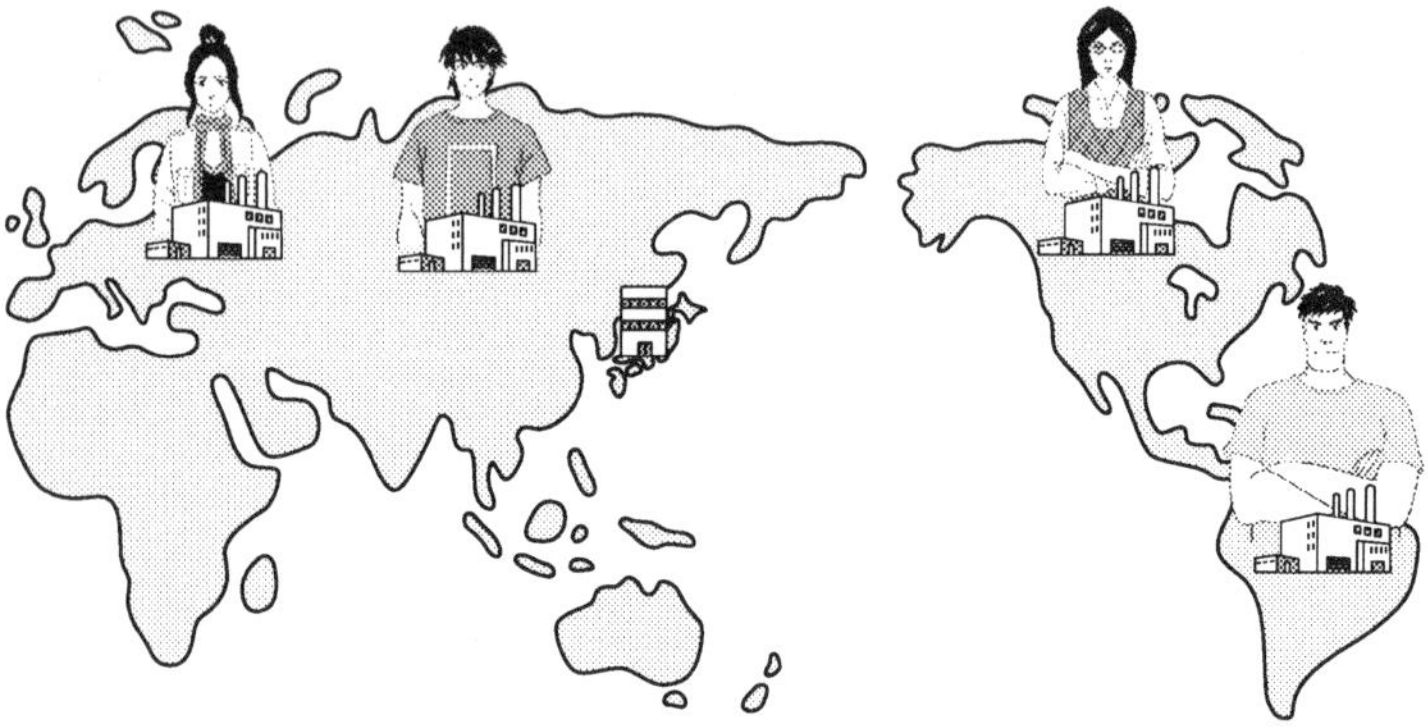

（4） 異文化経営論とは、国籍や言語、宗教や倫理観などの民族性が異なる多様な人々から構成する企業組織の経営を考察の対象としている。企業が国際化し、さまざまな国で企業活動を行うことになると、こうした異文化経営の視点がますます重要になってくる。

営哲学[5]に関する授業もあった。多くの従業員が居心地の悪さを感じたら、目的の達成なんかできっこない。

結構、経営学は身近な問題が豊富。でも、1年生の夏休みが終わる頃まで、経営学への興味や疑問は薄れていた。

経営学に関心が向けられなかった理由の1つにサークルがある。入学式の終了と同時に多くのサークルが勧誘に来た。学食でお昼もおごってくれる。

私は、数あるサークルのなかからRGCを選んだ。勧誘に来た先輩の感じがよかったから。会社の求人活動も、こんな感じかしら。

人気の会社は費用（コスト）をかけなくとも優秀な人材が勝手に集まってくる。でも、名前の知れない会社は、優秀な人材を集めるのが大変。

この時期、小さなサークルは人集めに四苦八苦している。それは中小企業の苦労を連想させる。

だけど、出身大学や成績の良し悪しと、会社の仕事の出来、不出来は関係ないんじゃないかな。仕事のできる人を雇いたいというのはわかるけど。

会社は本当の力を評価してるの？

会社は1人雇うのに、どれだけの時間とコストをかけるんだろう。

（5）理念というのは、物事の根本的なあるべき姿をいう。「あるべき」というのは、経験を超えた価値判断を伴う。企業の経営理念は、会社を創業する際の志などを示すもので、企業の存在意義を確認するものでもある。理念の共有は、同じ行動規範となる原理や原則をもつことにもなる。組織において理念が共有化できれば、会社への帰属意識や忠誠心が高まり、組織の一員として、なすべき行動を個々人が主体的に選択・判断できるようになる。

哲学も、物事の本質や人生の根本問題を究明する学問で、経営哲学は創業者や経営者の人生観やあるべき論とかかわるという意味では経営理念と同じような意味をもつ。ただし、哲学は知を愛するという意味から由来しているため、物事の本質を究明する姿勢を問題とすれば、経営を究明する姿勢、思考方法などが経営哲学ということになる。

サークルの勧誘でも、すぐにやめてしまう学生やサークルの雰囲気を悪くするような学生には声を掛けたくない。それでも1人の勧誘に何日もかけることはできない。勧誘する側と勧誘される側には異なる思惑があるよね。それぞれの目的が異なるだけでなく、実際の内容に関してはサークルに入るまでわからない。

学生から企業を見ても、企業から学生を見ても、本当の実態はわからないんだ。だから、会社は偏差値の高い学校を選び、学生は有名な会社を好むわけ。これはお互いに合理的ということなのかもしれない。

情報の非対称性。この言葉はちょっと難しいかな。

でも、簡単な話。売り手は製品やサービスの質をよく知っているけど、買い手はわからない。中古車市場なんていうのは典型的。事故車だったり、故障の多いエンジンだったりしても、買い手には見分けがつかない。アメリカでは不良中古車を「レモン」っていうらしい。だから、情報の非対称性が問題になるような市場をレモン市場なんていうんだ。

だけど、どんな市場でも、大なり小なり情報の非対称性が存在する。交渉は、情報の探りあいなんだ。

会社は短い時間と限られたコストで優秀な人材を確保しなくてはいけない。大学の名前や成績などの外形的な基準で評価するのも仕方ない。当たり外れの確率論だ。どんなに時間やコストをかけても、就職希望の本人でさえ、仕事をするまでは自分の能力がわからないんだし。

面接では、一緒に仕事ができる仲間になれるかどうかが決め手になる。仕事をしたことがないんだから、優秀か否かを評価することなどできない。

先輩の1人が、「面接は、面接官との騙し合いだよ」と言っていた。そうかもしれない。サークルに入るとき、1年後の自分がサークルのなかで楽しく活動し、みんなと仲良くやっている姿をイメージできるかしら。これは不確実性に支配されている。

人の働き方は、個人の能力だけじゃない。会社の雰囲気や仲間、それに上司との関係で決まる。どんなに一生懸命働こうと思って入社しても、上司が嫌な奴だったら働く意欲も萎えちゃう。だから人の評価は簡単じゃない。

会社は、仕事を早く覚え、決められた時間内に間違いなく仕事をする人材を確保したい。将来は会社を成長させるような人材が望ましい。一方、給料が安くても、一流企業に勤めたいという人は多い。やり甲斐や安定性も大事な条件になる。

私は名刺を出して、胸をはれる会社に入りたい。電話をかけて営業するときも、誰も知らない会社名ではすぐに切られてしまう。会社名を伝えるだけで信頼してもらえる会社が良い。知られざる超優良企業もあるけど、みんなに知られなきゃ、もったいない。

会社の名前が大切な財産だと実感できる。会社や商品の名前が有名だと、商売しやすい。

お客さんは、喜んで新製品を買ってくれる。ブランド論なんかで取り上げられる問題ね。**暖簾**[6]**（のれん）**なんていうこともある。

でも、ブランドは人材の確保でも重要。名前の知られない会社よりは、良く知られた会社に入りたい。安定した収入が予想できれば、人生の設計もしやすい。人の雇用や評価、その人にあった職場環境の設計、組織のあり方などを考えるのも経営学なんだ。

サークルにみる組織カラー――経営組織・人材開発―

ＲＧＣは大学公認のゴルフサークル。体育会ではないけど、いくつかあるゴルフサークルのなかではもっとも歴史があり、多くのＯＢ・ＯＧが社会の第一線で活躍している。

もちろん、すでに定年退職を迎えて、悠々自適の生活をしている先輩もいる。先輩たちは、現役学生のサークル活動への援助だけでなく、勉強の方法や就職活動など、さまざまな悩み事などにアドバイスを惜しまない。頼りになる先輩たち。お父さんより齢上の先輩でも、お父さんに相談できないことを話せるのは不思議。

歴史があるだけに、サークルへの思い入れも半端じゃない。ＲＧＣのメンバーである以上、常に責任感のある行動が求められる。規律も厳しい。このあたりは体育会的なサークル。

各メンバーが自覚をもち、メンバー相互に監視する。監視というと冷たい感じだけど、お

のれん

（6）暖簾とは、日本家屋の入り口などに仕切りを目的としてたらす布である。商店などでは、屋号・商号などを布に染めることで、一種の看板の役割を担っている。暖簾分けという言葉があるが、これは主人や親方と同じ屋号をもつ店を出せるということだ。つまり、主人や親方と同等の職人技を身につけた品質保証になる。暖簾分けをしてもらうことで、誰に師事していたかがわかり、どのような味や品質の製品・サービスを提供できるか、という証になるわけだ。これは長い時間のかかる顧客からの信頼獲得を瞬時に得るという効果がある。これが暖簾代の中身である。ブランドと共通するだろう。

互いに仲間意識をもった行動をしているということ。自分の友達が人に迷惑をかけたり、非常識な行動をとったら、一緒にいるのが嫌になるよね。その場から逃げたくなるかもしれない。

「ちょっと、うるさいよ。電車のなかで騒がない」練習場までの車中。ゴルフバッグには立教の名前とRGCのロゴが入る。今井枝理が小声で注意した。

枝理は理学部の学生。女子のなかでは一番おしゃべりが少なくても、なんとなく芯がある。私と似たタイプだと思っているけど、実際のところはわからない。私は無口じゃないけど。

「うるさかった？　ごめんね」

佐藤好美は素直に謝る。彼女は、社会学部でマスコミ志望。

「悪い　悪い」

好美と同じく吉岡健介も社会学部。男子のなかでもっともお茶目でおしゃべり。人見知りせず、自分の意見を恥ずかしがらずに発言できる。幼稚な内容でも、あれだけはっきり言えるのは羨ましい。彼は嫌われないが、年中一緒にいたらうざったい。女子よりおしゃべりに夢中になりそうだ。

仲間であれば注意ができる。これは監視機能。会社でも、従業員の1人ひとりが自覚をもっていれば会社の信頼を失うような不祥事は減るに違いない。相互にチェックできる仕組みが、うまく働くように考えるのも経営学の役割なんだ。

同じ大学のなかでも、異なるカラーのクラブやサークルが同居している。体育会とサークルは異なるし、スポーツ系と音楽サークルでは異なる雰囲気をもつ。大きな社会のなかにいくつもの異文化社会が形成されている。それぞれに居心地の良し悪しがあり、所属するメンバーのやり甲斐や楽しさに影響を与えているはず。

RGCの先輩後輩の関係は卒業して30年以上経っても変わらないみたい。30年後の自分は想像できないけど、いまはゴルフがうまくなりたい。高校にはゴルフ部がなかったし、家族ではお父さんもゴルフをしないから、クラブを握ったことはない。

1年生のほとんどが初心者だったから、経験者が少ないのは不安要素だけど、練習についていけないという心配はなさそう。

私がRGCに入った当時、1年生は11名、2年生が11名、3年生は8名、4年生6名の総勢36名。経営学部の学生は1年生の3名と2年生の2名だけ。学年が上がるに従いメンバーが少なくなるのは、ゼミが忙しくなったり、ダブルスクールを始めたり、あるいは就職活動などのために辞めていく学生がいるから。自然退会者も多い。

それでも、他のサークルに比べると卒業時まで残る学生は多く、OB・OG名簿にはたくさんの先輩たちの名前が記載されている。

当時の1年生の仲間は、同じクラスメイトの工藤弘樹と中里有美子、社会学部の吉岡健介と佐藤好美、理学部の今井枝理、そして、経済学部の山田新平と神谷翔太、法学部の増谷真也、文学部の榊原夢子、観光学部の進藤絵美の11名。

男子5名、女子6名だから、バランスは取れている。ゴルフを志向しているという点では、共通の目的をもつメンバーなんだけど、ゴルフに対する情熱や意気込みには温度差がある。そして、それぞれに個性がある。

卒業時まで残るのは誰だろう？　3年生になった今、まだメンバーは減っていない。

RGCの1年生はゴルフ以外に大事な仕事がある。それは毎年11月に開催されるセントポール・フェスティバル（SPF）。SPFとは立教の文化祭のこと。SPFに参加する目的は、ゴルフ練習場の費用やゴルフ用具を購入するための資金調達なんだ。

大学の資金援助は、体育会に比べるとわずかなもの。顧問の先生はいるけど、練習に出てくるわけでもないし、合宿にも来ない。まして資金援助などはまったくない。予算を考えると監督やコーチをお願いすることはできない。時々先輩に来てもらい、面倒を見てもらうくらい。

1年生の秋、私は、このSPFでサンドウィッチを販売していた。儲からなければ先輩には怒られるし、活動費を稼ぐためにアルバイトを増やさなければならない。個性あるメンバーはゴルフという共通の目的をもっているけど、サンドウィッチを販売するのは想定外。勧誘されたときには、こんな話はなかった。

会社だって、入社前と後では相当ギャップがあるよね。

そもそも、会社に就職するのは、給料をもらうことが一番の目的。仕事の好き嫌いはあるかもしれないけど、どんなに好きな仕事でも生活できなければ意味がない。

家電メーカーに入社するのは、「家電が好きだから」という人もいるだろうけど、やっぱり一番は生活をするため。いろいろな部署に配属される人たちは、それぞれに人生の目的をもっているかもしれないけど、会社で仕事をするときは会社の目的を優先して仕事をしなくちゃ。

当然、やる気のある人とない人が生まれる。こうしたことを上手にコントロールするのが経営者の仕事。企業の組織は、多様な目的をもつ個人を1つの目的に向けるためにいろいろなコストをかけている。**経営組織論**[7]や**人材開発論（ＨＲＭ）**[8]なんかは、こうした問題を対象とする学問なんだな。

サンドウィッチを作らされるくらいならいいけど、旅行が好きで入社した旅行会社の仕事が経理だったり、電車が好きで鉄道会社に入社したのに、不動産の営業やホテルの仕事だったりするのが現実。わがサンドウィッチ屋には、包丁をもったこともない者が多いなか、戸惑いながらも、お店をやり遂げなくてはならなかった。

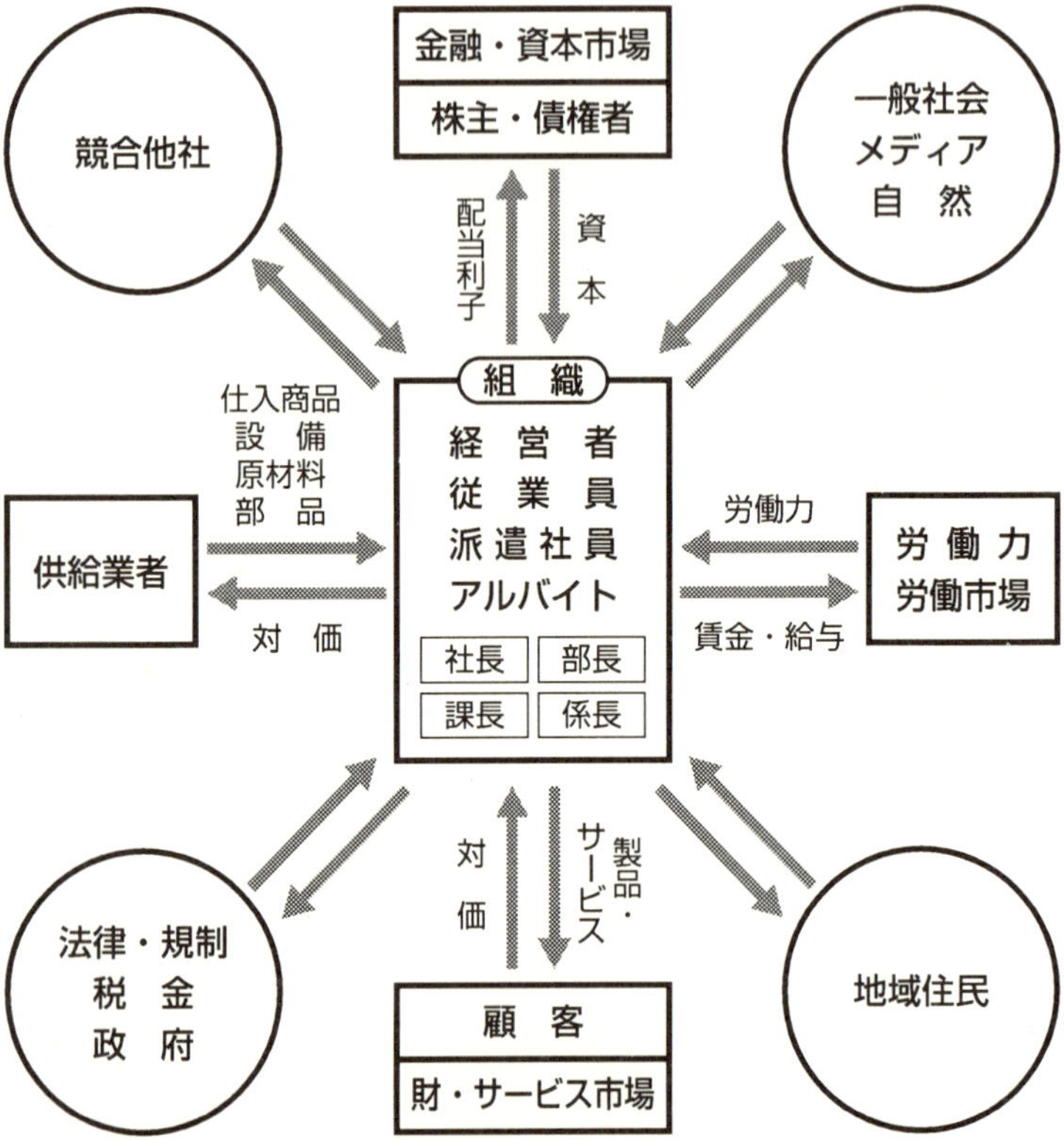

（7）経営組織論は、組織の目的を合理的に達成するための手段や方法、組織の形態などを研究対象とする。合理性といっても、組織は人間により構成されるため、人間性や社会性などを考慮した分析が必要とされる。組織の目的は、組織内外のさまざまな利害関係者の影響を受ける。近代組織論・近代管理論の創始者であるバーナード（C.I. Barnard：1886-1961）は、経営者の経験から「協働」を目的とした組織の理論を構築し、1938年に『経営者の役割』を発刊した。

人材マネジメントの機能

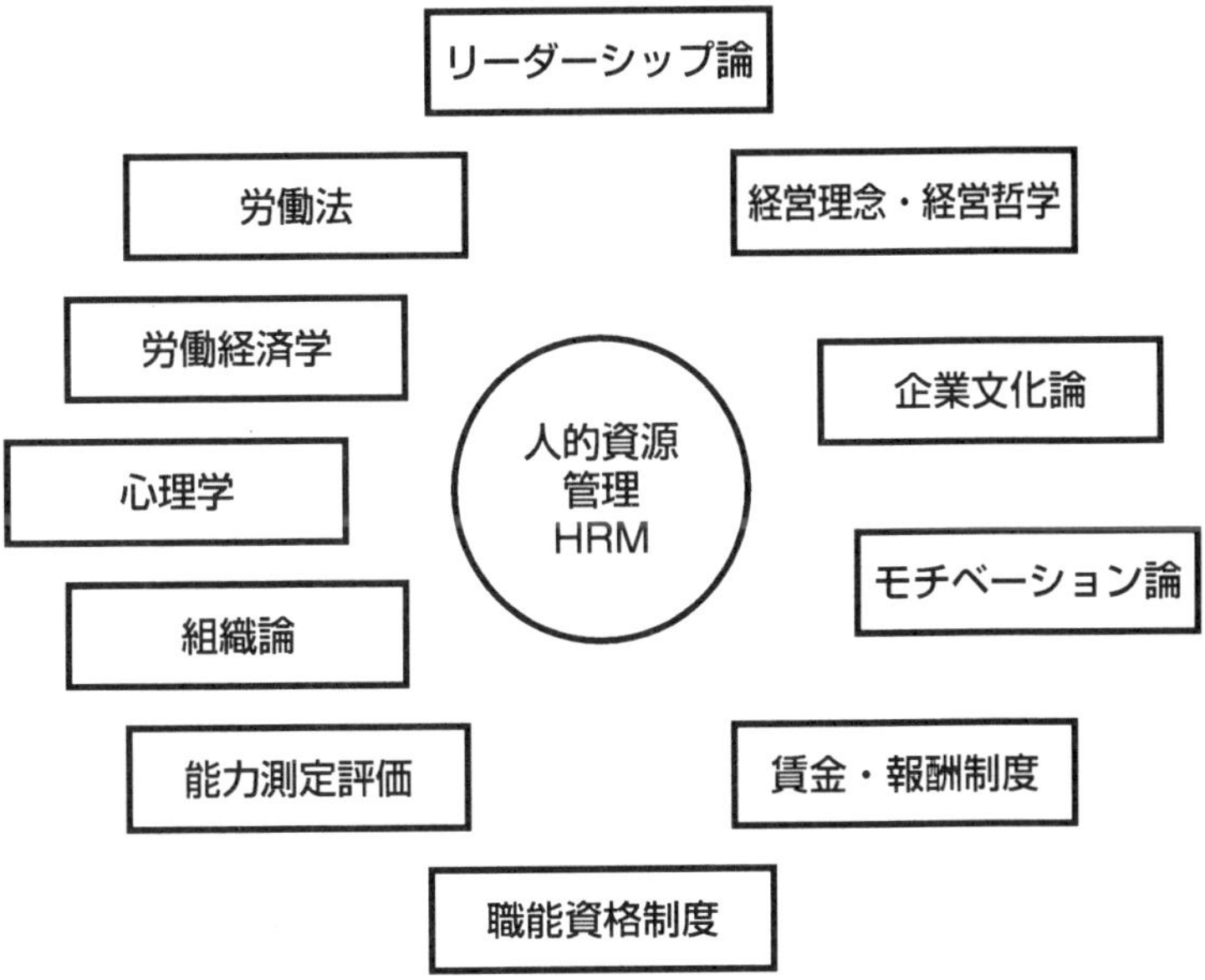

（8）最も重要な経営資源である人材を有効に活用する仕組みや制度、方法などを考察する学問。

コラム 「情報の非対称性」について 翔太からの質問

「先生、少しお時間ありますか？ 教えていただきたいことがあるんですが？」

「翔太か。珍しいね。いいよ。教授会まで1時間くらいあるから」

「ありがとうございます。「情報の非対称性」について知りたいんですが？」

「難しい言葉だね。君らは他人の考えていることを完全には理解できないし、他人の発信した情報を余すことなく収集できないでしょ。僕は翔太のことをよく知らないし、翔太も僕をよくは知らない」

「はい」

「各人が、取引や契約を結ぶときに、一方が他方よりも多くの情報をもっている状況、つまり、情報の偏在している状況だな。市場は取引の場でしょ。だから、市場で取引するそれぞれが完全に情報を共有していないと、ズルイ取引もできちゃう。正当な取引にならないわけだ。だから情報の非対称性があると、本来の価格が形成できないんだな」

「具体的にはどういうことですか？」

「売り手は、製品に関する知識を十分にもっているけど、買い手は知らない。だから、企業は販売のために広告や宣伝をするわけ。すばらしい製品やサービスを提供しようとしても、買い手に伝わらなければ売れないよね。逆に、どんなに粗悪品であっても、騙すことができれば高く売れちゃう」

「なるほど。自信のある製品やサービスは一生懸命説明するでしょうね。でも、出来が悪い製品だったら説明はしたくないですね」

「そう。こうした問題は、売り手と買い手の問題だけじゃないんだ。株主と経営者、経営者と債権者、上司と部下、企業と企業など、取引のあるところに情報の非対称性がつきまとうわけだね。そのため、情報の開示方法やコミュニケーション方法を工夫して情報を円滑に伝達できるようにするわけだ。情報の非対称性を原因とするトラブルを防ぐためには、さまざまな法律も制定されるんだよ」

「法律ですか?」

「そうだよ。消費者を保護するためには、嘘の内容を宣伝されたら困るでしょ。過剰な期待をもたせるような広告も問題だ。通信販売などは、製品を見たり、触ったりできないから、一定の期間を定めて返品ができるようにしている」

「そうですね。通販は簡単に買えるけど、返品も容易になりましたね」

「消費者と企業だけでなく、企業と企業の取引でも同じだよ。契約を結んだりするのは、相互に十分な理解ができていないからかもしれない。契約書を作成するのは、お互いに取引後のことを考えているんだね」

「なるほど。相互に完全に信頼できるなら契約書を作る必要もないですね」

第4章 カリスマと11の頭脳──リーダーになったは良いけれど…

リーダーってどうやって決めればいいの？ ──リーダーシップ論──

夏の真っ盛りの8月にゴルフの合宿が行われた。合宿の最終日に2年生に集められ、SPFの参加を命じられた。今回の計画は、約3カ月前にさかのぼる。

私は、このミステリードラマの主人公だけど、脇役が多い。何しろ、11名の1年生が登場するから。すでに、経営学部の弘樹と有美子、理学部の枝理、そして社会学部の健介と好美が登場している。人物紹介は厄介だし、読み手も大変だけど辛抱してね。

でも、覚えておく必要はないよ。推理小説じゃないから犯人当てなんかないし。それぞれに役割があるけど、名前が一致しなくても大丈夫。問題は、人を評価したり、役割を分担するということが重要なんだ。

「難儀やなぁ。ゴルフをしとうて入ったのに、文化祭をやらなあかんなんて、じゃやん」経済学部の新平は、大阪出身の変な関西弁を使う。本人は、珍しく関西弁を直そうとしているんだけど、それがおかしな言葉になっている。中学生のような印象でも、意外と大人びた発言をする。大学生だから当然だけど、風貌とのギャップがあり、熱弁をふるうタイプ。彼が最初に口にした言葉は、みんなの意見を代表するものだった。

「仕方がないね。2年生も去年やったんだから、今年は俺たちの番ということだろう」翔太の意見も消極的。1年生なのに、あご髭を生やし、新平とは対照的。

口数は少ないけど、彼の発言はなんとなく説得力がある。あご髭のせいかしら。彼の趣味は鉄道模型で、鉄道ファンなんだって。大宮の鉄道博物館も開館と同時に観に行ったみたい。入学前から就職先を鉄道会社と考えていたというからめずらしい。

「やらないですむという選択はあるのかな。文化祭がなければ秋休みだし」真也も、やる気はなさそう。彼は、ゴルフの経験があるからか、何となく余裕を感じる。練習に打ち込む姿は好感をもてる。

自分に自信があるためか、他人の練習にも厳しい。法学部らしく律儀な性格で、ルール違反をすると先輩であっても諫める。これが、ときどきいざこざの元。遅刻は厳禁、マナーやルールは重要。でも、敵を作るのは得策じゃない。

もう少し言い方を変えれば良いのにと思うことがある。大学生なんだから、そろそろ世渡り上手になるべき。彼の発言は、みんなの気持ちをますます消極的にしていった。

「そうだよ。秋休みは楽しく過ごそう」健介はすぐに調子にのる。

「11月は紅葉の季節でっしゃろ。食欲の秋やし、夢子は旅行でもしたいな」

夢子は京都出身の文学部の学生。イメージぴったりで、ぎすぎすしたところがない。むしろ、なんとなくふわふわしている。ゴルフが好きなのかもよくわからないけど、素直で可愛い女性。周りに気を配り、笑顔を絶やさない。積極的に話すタイプではないけど、消極的ということではない。自分の意見を強引に主張するということがないから、そうした印象をもつのかな。

「そうね。でも私は海外旅行にするわ。秋休みは1週間あるからね」

夢子の発言に観光学部の絵美はすっかり旅行気分になっていた。文化祭ではなく、秋休みの過ごし方を考え始めている。彼女は少々神経質。モデルのような容姿なのに、男子のことばに過敏に反応する。そのくせ、自分の発言にはトゲがあり、時にトラブルメーカーとなる。彼女によるとゴルフはファッションでしかない。厳しい練習が続けば卒業までいないだろう。新座キャンパスの学生は、1年では彼女だけ。

「ちょっと脱線しすぎじゃないか。基本的に文化祭をやらないという結論は結構難しいんじゃないかな。サークルを辞めるのであれば別だけど、これまで長いことサークルの資金集めとしてやってきたことだから、俺らが拒否するにはそれなりの理由が必要じゃないか」

弘樹の意見で現実に引き戻された。

このまま文化祭以外の過ごし方を考えても生産的じゃない。どっちみち、最後は文化祭をすることになりそうなんだから。早いとこ方針を決めなくちゃ、徹夜になってしまう。練習の後で、みんな疲れているから、遅くまで議論するのは無理みたい。

絵美は舌をペロッと出して、「そうね。早く決めましょう。私、そろそろ眠くなってきちゃった」彼女らしい。

「それじゃあ、何から話し合おうか。まず何を決める必要があるかな」

真也も事態を十分理解している。

「責任者決めるのが先決だろう。文化祭の責任者だね。プロジェクト・リーダーと言った方がなんとなく格好良いね」弘樹はなんとなく得意げになっている。

「リーダーか。どうやって決めるの」

好美は女子のなかでもっとも体育会系。容姿が体育会というのじゃなく、性格的な面で。はっきりした大きな声で挨拶ができ、先輩を敬う態度は完璧に体育会。でも、顔が童顔だから、そうした体育会的態度が妙にかわいらしい。マスコミが合ってるかも。

「高校んときん、わてらのクラス委員は、推薦で決めたんよ」新平がゆっくりとした口調で妙な関西弁で話すと、「うちの高校はあみだくじで決めたよ。みんなやる気なかったから」少々怒ったような口調で有美子が口を開いた。

「あみだかぁ。ちょっと、安直すぎないか。一応、わがRGCのイベントなんだから」弘樹だけでなく、みんなそう思ったみたい。

「それじゃあ、どうやって決めるの？　選挙でもやる？　誰か立候補する人いるかしら」

有美子のメガネが蛍光灯の光を反射したので、怒っているのかわからなかったけど、いらいらは感じた。

「じゃ、俺やる」

健介がすぐに反応した。でも、みんな聞こえなかったふりをしている。リーダーの条件に合わないことをみんな知ってるんだ。リーダーの条件が何であるかを知らないにもかかわらず。


こういうとき、会社ではどうやってリーダーを決めるんだろう？　会社の社長って、どうやって決めてるんだろう？

社長って何？　経営学の授業では社長の決め方までは習っていない。それでも、社長っていうのは法律的な用語ではないので、従業員の全員を社長って呼んでも構わないっていうのを聞いたときは驚きだった。

みんなが社長だったら、誰が命令するんだろう。名刺に社長って書いてあったら、営業しやすいかも。「社長じきじきにお越しいただけるなんて光栄です」なんて言われて。社長って言われて悪い気にはならないもんね。

でも、何も決まらないだろうな。みんながそれぞれに意見を出すことは大事かもしれないけど、譲り合いがなければ決めごとはできない。

うちのサークルにキャプテンがいなければ、メチャメチャかもしれない。1週間の練習メニューでさえ、最後はキャプテンが決めていたっけ。従業員が何百人、何千人もいる会社で、みんなが好き勝手な意見を出していたら会社は意思決定ができないよね。

民主主義的な投票をしていても、時間がかかりすぎる。1つの意見をいちいち投票で決めるというのは民主的だけど、やっぱり代表者を選んで、自分たちの意見を集約してもらう方が効率的よね。政治家だって、そのためにいるんだから。

そうそう、株式会社の場合は、取締役を置く必要があるんだった。会長や社長、常務や専務、そして課長や係長などの役職も法律上の用語ではないんだって。経営者とは取締役のことをいうの。

取締役は、会社の業務の決定と業務の執行を行う。

つまり、何をするかを決めて、決めたことを実行する。サンドウィッチを作って販売するという業務の決定と、これを実際に作って販売するという業務執行の2段階。

取締役は、犯罪者でもなければほとんど誰でもなれる。未成年でも資格があるから、私が取締役になってもおかしくない。

取締役が1人であれば、意思決定と執行の両方を1人で行うわけ。複数の取締役がいる場合には、取締役の合議で意思決定し、各取締役が執行の権限をもつことになる。だけど、複数の取締役が勝手に業務を行うと混乱が予想されるよね。それぞれが自分の好みのパンや具材を仕入れ、味付けをしてサンドウィッチを作りたいだけ作り、各自の決めた価格で販売していたのでは会社にはならない。

間違いなく非効率だし、トラブルが起きても各自の責任というのでは無責任な会社だよね。製品に問題があっても、誰がやったか犯人探しになっちゃう。

そして、何よりも、人々が集まって会社を作る意味がない。各自で取締役1人の会社を作ればいい。複数の人が集まって、会社を作るにはメリットがあるはず。3人寄れば文殊の知恵というように、1人じゃできないことも何人か集まれば成し遂げられる。みんなが勝手にやっては意味がない。

そこで、代表取締役を決めて、執行の責任者となってもらう。代表取締役は、1人でなくてもいい。複数の取締役が代表権をもっても構わないけど、多すぎては代表権の意味がない。

取締役の意思決定が合議であっても、業務執行に責任のある人は発言力が強いに違いない。

1年生11名が取締役で、1名の代表取締役を決めようとしている。無責任にあみだくじで決めることはできないし、統率力のなさそうな人が立候補しても認めるわけにはいかない。みんな、その意味を暗黙裡に認識しているみたい。「私やってみようかな」よく考えたわけじゃない。責任感を意識したわけでもないし、統率力があるという自覚もない。

経営学部は、リーダーシッププログラムなるカリキュラムがあり、なんだかわからないけどリーダーの養成に力を入れている。プレゼンテーション能力の開発だとか、ディベートの仕方とか積極的に意見が言える学生を育てようとしている。

みんなが勝手に意見を言うから、授業中も相当にうるさい。これは公害だ。リーダーシップ論は経営学の一分野で、人間の行動特性を研究する行動科学なんだから、教授はしっかりコントロールしなくちゃ。教室を静粛に保つのは教授の腕の見せ所。腕というより責任よね。

私は、そうした日頃の授業からか、先のことも考えずに、そして、無視されたらどうしようかということも気にせずに立候補してしまった。おっちょこちょいは確かだよね。

「賛成」夢子が京都風のイントネーションで第一声。「いいんじゃない」絵美は早く会議を終わらせたいのかもしれない。携帯メールを打ちながらの発言。

「私、補佐するから」これまで発言しなかった枝理も積極的に賛同してくれた。彼女の発言に好美もうなずき、有美子も賛意を表した。積極的賛成か、消極的な承認かは別にして、女子の意見が集約されてしまった。こうなると男子は黙っているしかない。半数以上を女子が占めているから。

だけど、私をリーダーにするには条件が必要だった。リーダーの資格といっても良いかもしれない。

組織をまとめるのは大変！ ―モチベーション理論―

サークルメンバーの人物を評価するのに半年かかった。クラスメイトの有美子や弘樹とは年中会っているけど、学部が違うと練習でしか会う機会がない。

でも、人物評価は就職活動でも役に立つ。各自の印象を相互に話し合うことで、他人がどのように見ているかを知ることは大事。会社は、結局のところ人で成り立っている。目的を探すのも、それを実行するのも人次第だから。信頼できる人には人もお金も集まる。

これが世の中の常識、なんてね。19歳にしてわかったようなこと言ってる。

私は周囲からどのように見られていたのかしら。少なくとも、リーダーの資格なしというレッテルは貼られていなかった。リーダーの資質って何だろう。リーダーシップ論の授業でも、いろいろな学説が乱立状態にあるようだった。


「文化祭では、○○を是非ともやってみたい」という目的意識をもっている人がいたらどうだったんだろう。私が選ばれたら目的がかなえられる確率は低下する。そのような人がいたら、立候補して演説をしたかもしれない。

あるいは、文化祭の成功や失敗が非常に重要であると考えていたら別の人が選ばれたかもしれない。ある程度は重要だけど、そこそこの成功でいいと考えたとすればどうかしら。私が選ばれたのはそこそこでよいという判断があったのかもしれない。

強いカリスマ的指導者がリーダーになる条件って何？　アメリカの大統領選挙なんかは大変そう。予備選では同じ党の候補者で戦うんだから。でも、予備選に負けたら一緒に戦うんだろうな。

リーダーシップ論は面白いかもしれない。民主党と共和党の闘いをテレビで観るのはスポーツ観戦に似ている。

専制的リーダー、自由放任的リーダー、民主的リーダーなど、いろいろなリーダーに分類できる。状況によっても、リーダーの特性を見ることはできる。

そして、リーダーの属人的性格も重要。魅力的な人でなければ人はついてこない。

どちらにしても、リーダーシップは、組織のなかでの問題。個人が自らの目的を達成するために1人で活動する場合には関係ない。これは確かね。

組織の目的を達成するために、目的や方針を組織メンバーに理解してもらい、メンバー各自が組織目的の達成のために進んで行動するような**モチベーション**を与える力。私にそうした力があるのかな。

横を見ると、弘樹の口がとがっていた。不満そう。そうか。彼は自分がやりたかったんだ。そのとき初めて気がついた。なんとなく悪いことをしたと思ったけど、もう遅い。大勢は決まっている。私も辞退できる状況じゃなかった。自分で手を挙げたんだから。後悔することになるんだけど、あのときは進むしかなかった。

「それでは、リーダーに抱負を語ってもらいましょう」思いがけない好美のことばに、「え、抱負？　う〜ん、抱負かぁ。とにかく、頑張りますので、みんなよろしくお願いします。できるだけ、みんなの意見を聴いて、楽しくかつたくさんの活動資金を集めたいと思います。これで良いかな？」

そうか。私は調整的なリーダーなんだ。ぐいぐいと引っ張るトップダウン型の経営者ではないし、どちらかといえばみんなの意見を聴いて、調整しながら意見をまとめるタイプ。

「もう一言、どんな出店を考えているの？」枝理が突っ込む。もう、補佐をしてくれるんじゃなかったの?!

「まだ何も考えていません。これからみんなで考えようと思います。でも、RGCの出し物だから、RGCらしい雰囲気やRGCの名に恥じないようにしないといけないとは思います」

会社を創業するときは、創業者が理念を語るんだろうな。松下幸之助の水道哲学を読んだことがある。松下電器産業株式会社の創業者。超有名な会社なのに2008年に社名をパナソニック株式会社に変更した。何でだろう。

会社にはそれぞれに経営理念や社是や社訓があるけれど、創業者の考えや理想が語られているに違いない。いろいろな会社の社是や社訓を調べてみたくなった。

パナソニック株式会社の経営理念は、綱領として次のように記されている。

「産業人タルノ本分ニ徹シ、社会生活ノ改善ト向上ヲ図リ、世界文化ノ進展ニ、寄与センコトヲ期ス」

昭和4年の創業以来、この理念に基づいて事業をしているんだって。漢字も古いけど、カタカナなんだ。


でも、文化祭の出し物は、私の理念ではなくRGCの理念が先行するはずよね。有名な大会社が子会社を作るときと同じ。子会社は親会社の名前をつけることが多いし、周囲の人も親会社の名前があるから安心して子会社と取引をする。

だから子会社は親会社とは別の理念を掲げるのは難しい。むしろ、親会社が培ってきた信用をできるだけ活かさなければ損だろうな。理念と信用、会社の名前、ブランド、それぞれに関係がありそうね。これも経営学のテーマに違いない。


「それじゃ、もうこれで終わりにしよう。リーダーも決まったし。あとは明日、大学に戻ってから検討しよう」弘樹のことばに、真也も同調して「賛成。もう眠い」男子は少々受身の対応に変わっていた。

「そうしましょう。明日、何をやるか、それぞれの役割などを決めたいと思います」私はリーダーらしい発言になっていることに気づいた。

朝食を済ませて、10時30分にチェックアウト。池袋の大学へ向かいバスが出発した。車中では、寝ている人が多い。往きのバスではあれだけ騒いでいたのに、先輩たちも疲れているんだろう。

私は、大学での最初のミーティングのことを考えていた。私を除く10名をまとめるのは結構大変。みんな同じ1年といっても個性豊かなメンバーだから。

個性は大事だけど、豊かすぎるとコントロールが利かない。会社の経営も同じ。最近は個性が求められる。

でも、同じ考えをもつ人が集まれば、コミュニケーションはとりやすい。意思決定も簡単。どうして個性が求められるんだろう？　〝あうん〟の呼吸で理解できる関係なら、上司は目で合図をするだけで部下が行動する。理想的に思えるんだけどな。

いずれにしても、あの連中を私1人でまとめるのは難しいな。誰か味方を作っておこう。サブ・リーダーになってくれる人を考えよう。サブを決めるのもみんなの合意が必要かしら。自薦・他薦、あるいは選挙だとか言われるかな。そんなことはないな。リーダーを補佐する役割は、リーダーが選ばなくちゃ意味がない。対立する意見をもった人がリーダーの下につくことはないしね。

私と同じ考えをもっている人は誰だろう。同じような思考をする人といえば枝理かな。いつも大体意見が一致するし、好みも似ている。そういえば、枝理が補佐すると言ってた。彼女の意志を尊重しよう。せっかく、補佐すると言ってくれているのに、別の人に補佐を頼んだらむくれるかもしれない。

彼女は、理学部の学生なのに、私とは同じ思考方法をする。私が忙しくなっても、彼女がいれば2倍の能力を発揮するだろう。でも、同じような人が補佐役で補佐になるかしら。私の苦手な部分をカバーしてくれる人の方が良いかもしれない。

だとすると、有美子かな。私とは性格も違うし、異なる判断をしそう。彼女にしよう。補佐役はもう1人ぐらいいて欲しいな。男子をまとめてくれる人が必要。

弘樹はリーダーに成りたがっていた。彼を味方に取り込んでおこう。弘樹は人望もあるし、判断力もある。男子をまとめる力は充分備わっている。私には男子をまとめる自信がない。それに、弘樹のやる気を高める必要もある。

そうか。個性を重んじる理由がなんとなくわかってきた。同じ人が集まっても、役割の分担にはならない。金太郎飴はいくら切っても金太郎。異なる能力をもつ人が集い、それぞれに適した仕事をすることで組織は力を発揮する。

私が11人いたら、11倍の力を発揮するけれど、それ以上にはならない。会計の専門家がいたり、ものづくりの専門家や広告・販売の専門家がいることで企業は力を発揮する。私が11人いても、新しいアイデアは、せいぜい1つしか生まれない。11人の個性があれば11のアイデアが生まれる可能性がある。

カリスマ経営者が頑張る企業は強そうだけど、1人の独善的意見になってしまったら、危険だな。多くの頭脳をうまく操ることができれば、最高の経営者になれるに違いない。どの道、各自の個性を重んじることができなければ、やる気もなくなる。モチベーション理論ね。これも行動科学の一分野だった。

目をつぶって考えているうちに、私も眠りについてしまった。目を覚ましたのは、ちょうどバスが大学の門に入るときだった。

コラム 「代表取締役」について　真也からの質問

「実際の会社では、取締役や代表取締役ってどのように決めるんですか？　立候補なんでしょうか？」

「株式会社では、株主が専門の経営者に自分の資金を託して運用してもらうわけだ。株主が出資して、経営者が企業を経営して、利益を稼ぎ、株主に配当を支払う。この構図だと、株主が経営者を選任することになるよね」

「違うんですか？」

「株主総会で取締役を選任するとしても、会社の仕事を熟知している経営者を株主は知っていると思うかい？」

「そうですね。株主はいろいろな会社の株を所有しているかもしれないし、売買を繰り返していれば、特定の事業の専門知識をもつ経営者を探すのは難しいですね」

「そう。だから、実際には、経営者が自分の取締役再任を株主に問うことになるわけ」

「経営者が経営者を選んでいるということですか？」

「会社は継続しているから、仕事はストップできない。誰かと代わるとしても、一般的には経営者が候補を出して、株主に信任してもらうわけ」

「それって、安直じゃあないんですか？」

「株主が黙っている場合は、これで問題がない。だけど、黙っていない場合もある。信也は、最近新聞を読んだかい？　かつらで有名なアデランスの例は面白いね」

「アデランス?」

「そう。でもこの話はちょっと待ってね。代表取締役の選任を話してからにしよう。株式会社を代表する権限をもつ取締役が代表取締役だよね。会社を代表して重要な契約を行ったり、日常業務について意思決定し、執行する役割だね。法学部だから授業でも聴いたんじゃない?」

「聞いたかもしれませんが、よく覚えていません」

「取締役会が設置されている会社では、代表取締役は取締役会の決議で選定されることになっているけど、その決め方は立候補のような場合もあるし、互選によって決める場合もあるだろうね。根回しなどもあるに違いない。いきなり、会議で決定されるなんてことはないね。一般的にはね」

「根回しですか」

「でもアデランスでは、2008年の株主総会で業績不振を理由に経営陣7人が否決されたんだ」

「経営者が提案した取締役が否決されたんですね」

「うん。面白いだろ。業績不振で株価が低迷していたんだけど、米投資ファンドの「ノー」に一般投資家も同調して、社長を含む7人の再任が拒否されたんだね。しかも、この経営者交替のニュースで株価が上昇したんだよ。経営者の立場はないね」

「新しい経営者はすぐに選ばれるんですか?」

「いや、手続きには最低2カ月くらいはかかるんだ。だから、その間は、株主に「ノー」と言われた取締役が経営を継続するんだね。これはやり難いだろうね」

「やる気ないですよね」

第5章 新しい暗号：ドメインと5W2H―消えていった企業は、どこへ行ったんだろう？

ドラッグストアーと薬局は何が違うのか？　―ドメインの決定―

「俺たちは、ここで解散するけど、1年生はSPFのためのミーティングをするように。ミーティング用の教室は11号館の2階の教室を確保してある。それでは頑張って」そう言って、先輩たちは解散していった。

11号館は新しい建物で、レンガ造りの歴史ある建造物に調和するガラス張りの6階建て。地下1階には大教室があり、よく講演会なども開催される。1階はエントランス部分が広く、模擬法廷のある小教室が1つあるだけで、2階には中小規模の教室が4つある。

3階以上は、社会人のためのMBAコースやロースクールのためのスペースになっているので、学部学生は行くことがない。でも、ガラス張りの四角柱を上下するエレベーターで6

階に昇れば、第一学食、モリス館や2号館、3号館が見渡せる。2階3階の低層の建物が多いから、6階からの眺めは結構いい。

2階の教室は11名には少々広かった。だけど、このくらいの広さがあっても声は十分に通る。私は、補佐役の2名として、有美子と弘樹の名前を出した。誰か反対する人がいるかもしれないと思っていたけど、本人もあっさりと引き受けてくれた。リーダーとサブでは、責任も相当に違うという印象。

「それでは、本題に入ろう。議長というか進行役はリーダーの教子でいいね」弘樹が率先して発言してくれたのはありがたかった。まずは順調な滑り出し。

最初に決めるのは、「何をやるか」。催し物の内容ね。文化祭の出し物といえば、文化部は日ごろの活動内容を展示できる。

SPFの本部は、有名人を呼んでコンサートを開いたり、映画を上映したりする。有名人のトークもある。演劇サークルの舞台やESSの英語劇、落研（落語研究会）の落語、音楽系サークルは歌ったり、演奏したり…。

だけど、体育会やスポーツ・サークルの定番は飲食関係のお店を出すことくらい。もちろん、体育会系であっても、バザーや演劇、コンサートをしても構わない。

「何かやりたいものはありますか。どしどし意見を出してください」私は、とりあえず、みんなの意見を聴くことにした。

「サッカーがやりたいな。弘樹もサッカー部だったんだから、どうだい？」健介はなんでサッカーをやろうというんだろう。

「どうだいって。何を考えてんだよ。サッカーをどこでやって、誰に見せるんだよ」弘樹はいらいらした口調で問い質した。

「そうだよ。サークルの活動資金を稼げるのかい？」真也は冷静だ。活動資金が稼げなくては意味がない。

「かき氷屋なんてどうだろ？」好美の額に汗が光っている。

「いいわね。私は氷アズキが好きだわ」絵美がのってきた。教室のエアコンが十分に効いてないようで、暑いときには、誰もが考えそうな発想。

「比較的簡単にできそうね。ストロベリーとかカルピスのシロップを買って、かき氷の道具を借りてくればすぐにでもできるよね」有美子もその気になってきた。

「資金稼げそうでっしゃろ？」夢子は時々おばさんが使うような京都弁を使う。だけど、真也の意見をしっかりと覚えていた。

「ちょっと待った。いまは真夏だからいいよ。でも、SPFは秋だよ。雨でも降ったら氷なんて誰も買わないから」枝理の意見でみんなが静まった。自分たちの浅はかさに気づいたみたい。

「そうか。秋だね」好美が代表して言った。

「鉄道模型を走らせるっていうのはどう？」翔太が新たな提案をした。「鉄道？ なんでやねん？」新平は翔太の趣味を知らないんだ。

「翔太は鉄道ファンだからね。でも、鉄道模型をもっているのは翔太だけだから、無理、無理。SPFだと、翔太のもっている模型の20倍くらいの規模がなければ意味ないじゃん。それに、やっぱり、資金を集める方法がわからない。好きなものを提案しても、それだけじゃ」

「やりたいことをやるっていうだけじゃ駄目だね。趣味と実益が兼ねられないと」弘樹が確認するように言った。

何度も言うけど、企業は、自分たちのやりたいことをしていても受け入れられない。常に顧客となる市場を見ないといけないからね。技術者が高度な技術で製品を完成させても、技術者の自己満足では仕方がない。

人生と一緒。やりたい仕事と就職すべき仕事は異なる。役者になりたい、歌手になりたいという人は多いかもしれない。だけど、どんなに能力があっても受け入れられないことはある。私たちの社会では、仕事は自分の所得を稼ぐためのものであると同時に、その仕事が他人のためになることが前提になる。

あっ、でも、最初から諦めちゃったら、役立つことなんてできないだろうけど。ここんとこが難しいんだよね、…きっと。青年よ、大志を抱け！

「やりたいことなんどすけど、映画上映っていうのはどないです。映画観たいし。視聴料っていうか観賞料もいただけるわ」わざと舞妓さんのような口調で夢子が提案した。

「俺は『武士の一分』が観たいね」映画上映を前提に真也が言った。これにすぐに従ったのが健介。

「あっ、それなら『名探偵コナン』。アニメだけど実におもしろい。結構本格的なサスペンスだよ」

「そんなん駄目でしょ。文芸作品にせなあかんわ」

夢子の意見を聞きながら、

「映画は難しくないかな。ヒットしている話題の映画でもなければ、いまや誰でもビデオショップで借りられるし。選ぶ作品にもよるけど、どの程度のお客が観に来てくれるのか皆目見当がつかない」

翔太の発言に枝理も映画に疑問を感じたみたい。

「何をやっても、お客を予想するのは難しいけど、入場料はいくらぐらいを考えているの?」

「とくに、そこまでは考えていないわ」

「映画のフィルムや映写機はどないするんだい。ビデオで撮ったのを上映しとうたら問題になるんじゃゃん」新平は無理して「じゃん」をつけるからイントネーションもおかしくなる。

真也が笑いながら「著作権法だろ」法学部らしい。

「高校のときに映画上映の経験をした奴はいる？」

弘樹の質問に、誰も手を挙げない。経験のないことに挑戦するのも悪くないけど、失敗の可能性は高い。資金確保を優先するのであれば、ここはリスクをとりたくない。

しかも、リスクに見合った収入も期待できそうにないし。リスクに見合ったリターンが稼げるからリスクに挑戦する人がいるんだ。大きなリターンが見込めなければ、映画上映は辞めた方がいい。

世の中のすべての仕事は、経験の積み重ねで成り立っている。会社を起こそうとする人は、少なくとも、関連分野の知識や経験を有しているのが一般的。そうした知識や技術、経験があって、企業は競争できるんだ。

「それじゃ。漫才でもやるか。誰か俺と組まないか？」健介の意見にはみんな辟易している。

「ちょっと待って。いろいろと意見が出るのは良いんだけど、もう少しまとまらないかな？」

私の発言に、弘樹が反応した。

「それでは、最初に領域を決めることにしよう」

「何？　領域って？」好美が確認するように質問した。

「まず、活動資金を得るために行うんだから、営利事業と非営利事業という分け方をすれば営利事業だよね。営利事業のなかでも、さまざまな種類の事業があるじゃない。そのなかから、どのような事業を選択するかを決めるんだよ」

「そうか。大雑把な分類ということね」絵美が口をはさんだ。

「事業**ドメイン**の決定ね」有美子は経営学の授業で聞いた用語を得意そうに披露した。

「ドメイン？　分類とは違うん？」新平が首を傾げる。言葉を確認することは本当に重要なんだ。すべての誤解は言葉から始まるんだから。

議論をするときは、1つひとつの言葉の意味を確認しておいた方がいい。そうでないと、とんでもないことになる。

たとえば、長期計画を策定する場合、大事なことは「長期」ということば。まず長期が何年くらいであるかを確認しておかないと、まったく的外れの議論になっちゃう。3年を長期と考えている人や、5年あるいは10年が長期と考える人、ときには20年とか30年の遠い将来を考えている人もいるかもしれない。初めて聞いたドメインという言葉は、みんなで共通のものにしておかなくてはいけない。

「会社の事業っていろいろな種類があるだろ。たとえば、家電メーカーは、家電が事業ドメインになっているし、自動車メーカーは自動車がドメイン」

「なんだ、難しい言い方をすんなよ。格好つけてるんだから」

「でもね、結構重要なんだ。たとえば、マツモトキヨシって知ってるよね。ドラッグストアーだけど、薬局とは異なるドメインになってるんだよ。もし、薬局としていたら、今のような成長はなかったんじゃないかな。健康と美容関連商品を取り扱うということで、薬以外の生活用品も扱っている。自分のうちは薬屋だって決めてしまうと、薬のことしか考えられなくなるけど、健康と美容に関連する商品を販売するとなると幅が広がるだろ。事業の成長する範囲も広がるわけだよ」

弘樹は続ける。「家電メーカーでも、事業領域の違いが戦略に表れているよね。ソニーは、冷蔵庫とか洗濯機なんかの白物家電と呼ばれる製品を作らないだろ。テレビやオーディオ製品、パソコンとかに特化している。ゲームや映画なんかに進出する理由がわかるよね。何を考えたらいいのかを示してくれるわけ」

真剣に弘樹の話に耳を傾けていた枝理が発言した。

「なるほど。そうだとすると、私たちが事業ドメインを決定すると、その後の考え方が決まってくるということね。狭くなったり拡がったり」

「そう。そういう意味で、戦略的な意思決定なんだよ」

「また格好つけてる。授業で習ったことを使わないでよ」絵美は少々不満そうに言った。同じ仲間が得意そうに話すのがたまらないみたい。

「授業で習ったことを使わなければ意味ないだろ」

枝理は2人のやり取りを無視して先を知りたがる。

「それで、戦略的ってどういう意味なの」

「その後の意思決定を拘束するような重要な決定だよ。たとえば、映画の上映と決めるとするだろ。そうすると、次の問題は、映画上映を前提に話が進むことになるわけ。フィルムをどこから調達するとか、映写機を借りる方法とかは、戦術的な意思決定になるわけだな」

弘樹は結構しっかりと授業を聴いてるんだ。私は弘樹がさらに魅力的に思えた。

「そうすると、事業ドメインを決定するときに、多少は広がりのある事業を想定しないと自由な発想が生まれないということだね」経済学部の翔太も企業の事業構想に関心をもっている。

「そうね。あまり狭すぎるとアイデアは出ないわけ。でも、広すぎると、現状と同じで、拡散しすぎてまとまらなくなってしまう。兼ね合いが難しいのよ」有美子が身を乗り出して、参戦してきた。彼女は真剣になると、頬が紅潮する。

「わかった。それじゃ、映画や演劇、漫才なんかのイベント系と飲食事業の2つにして検討するということでどうかしら?」適切な意見だった。好美は理解したみたい。

「そうね。私は飲食系の方がいいと思う。飲食系のアルバイトをしている人は多いけど、イベント系の知識は、どうもあてにならない。いまから3日間の文化祭のために漫才の練習もないだろうし、そうした才能がある人もいるとは思えない。映画上映の経験はないようだし、演劇なんてありえないしね」

好美の意見は現実的。実行可能なものでなければ決めても意味がない。

「ほな、飲食をドメインとするんに1票」

夢子の1票に全員がうなずいた。これで事業領域は決定した。次は、もう少し具体的な内容を詰めることになる。

「飲食では、何を販売しようか。アイデアを出してくれる?」

「そういう教子は何のアイデアもないのかい?」真也が私に振ってきた。私は首を横に振り、みんなの意見を求めた。

ラーメン屋、ハンバーガー屋、ホットドッグ屋、喫茶店、おでん屋、焼そば屋、たこ焼屋、クレープ屋、お好み焼屋、おにぎり屋、タコス屋などなど、とにかく多くの意見が出たけど、結局サンドウィッチ屋に決まった。ソーセージや野菜、チーズ、たまご、その他の具材をはさめばいろいろな商品が提案できるという意見が決定的だった。

よく考えると、ほとんどすべての食べ物が、無限の材料を組み合わせることができる。ラーメン屋でも、醤油、塩、味噌、豚骨などなど、スープの味はいくらでも工夫できるし、トッピングも無限に組み合わせることができる。

だから、本当は説得力のある意見ではなかったはず。あご髭を生やした翔太の意見が妙に説得力をもっていたのか、みんなそろそろこの辺で決めてしまえという感じだったのかもしれない。会社のなかでも、こんな感じで物事が決まっていくのかしら。

消えていった企業は、どこへ行ったんだろう？
―ニーズと5W2H―

次回のミーティング日時を決めて帰宅の途についた。途中、有美子と枝理の3人でスタバに寄った。今日の反省会でもしよう。サンドウィッチに決めたことについて、有美子は不満そうだった。「ちょっといい加減じゃないかな？」枝理と私は顔を見合わせた。

有美子が言うには、基礎演習で学んだビジネスプランの作成方法は、もっと緻密だったという。

ドメインの決定は将来の長期的な動向を見極めなくてはいけない。農業・林業・水産業などの一次産業、加工・製造などの工業や電気・ガス・水道などの二次産業、そして情報通信・金融・運輸・小売・その他のサービス業などを含む三次産業のなかから、さらに細かく内容を精査する。

産業を取り巻く環境は、資源や気候、人口などの自然的な諸条件、各国の法律や経済状況、技術水準、そして宗教や民族性などの社会文化的な諸要因を検討しなくてはいけない。

そして、いったん参入すべき事業領域が決まれば、簡単には撤退できない。なぜなら、その事業領域に適した建物や機械、固有のノウハウや技術・知識をもった人材が集い、取引先企業や顧客などの関係が作られているから。

確かに、高校の部活動も3年間続けてきた。私はテニス部に所属していたけど、入部して1カ月もすればテニスのルールを覚え、壁打ちから始まった練習も、1年が終わる頃にはダブルスでゲームを楽しめるようになっていた。先輩や部長先生との関係もうまくいっていたし、2年のときには試合にも出ることができた。

テニス部のなかでゴタゴタがあっても辞めようとは思わなかった。他の部に移ろうなんて考えなかったけど、もし2年で移らなくてはいけないような事態になったら、相当の問題が発生したとき。テニス部に入部するという意思決定は、戦略的意思決定だったんだ。

ドメインの決定が戦略的意思決定である以上、将来にわたる企業の命運を決めることになるので、慎重な議論が必要になる。少なくとも、教授の話では取締役が決めるべき一番重要な意思決定なんだって。確かにそのとおり。飲食店のアルバイトをしたことがある、というぐらいでは説得力がない。

お蕎麦屋さんはお蕎麦を作ることができるからお蕎麦屋をやっている。ラーメン屋はラーメンを作れるからラーメン屋をやっている。しかも、味には自信があるはず。理髪店や美容院も同じように、理容師の資格をもって理髪店を経営し、美容師の資格があるので美容院を開いている。

自動車メーカーは自動車を、家電メーカーは電気製品を生産できるから、ただそれだけの理由で会社になってるの？　作れるから、生産できるから、できるからという理由でいいのかな。もう一度思い出してみよう。

私の町の商店街から、肉屋が消え、魚屋が消えた。電気屋は随分前になくなっている。フイルムを現像するカメラ屋さんもなくなった。文房具屋も本屋も店を閉めた。どこかに行っちゃたのかな。何をするかを決めるのに、好き嫌いや興味のあるなし、できるかできないか、というような理由で仕事を選んだり、親の仕事だから継ぐというのではいけないのかしら。

消えていった企業は、どこへ行ったんだろう。なぜ、消えていったんだろう。お母さんに聞いたことがある。昔は、テレビがよく故障した。電気屋さんは、頻繁に家に来て修理をしてくれる。電気製品は故障するのが当たり前だったんだ。

でも、いまの電気製品は壊れない。故障したら、買い替えた方が得なことが多い。高価な電気製品だからこそ大事に使っていたけど、いまは使い捨ての時代。大量に生産され、大量に消費される。使い捨ての消耗品は安い方が良い。それでも壊れないので10年はもってしまう。

20万円のテレビが3台売れれば生活できた時代には、商店街に電気屋を開店することができた。３カ月分の給与を貯めて買ったテレビは、大事な家宝だった。所得が増加し、技術が進歩すると、同じ品質のテレビは3万円以下に低下した。学生のアルバイトでも買える。

いまでは20台販売しても、一家を支える所得を稼げない。もはや、商店街の電気屋さんでは商売にならなくなった。商店街では、そんなにテレビを買う人がいない。私の町ではほとんどの家で1部屋に1台のテレビが置かれている。世帯普及率は100%以上。このような状況では新たに買う人は少ない。商店街ではテレビを買いたい人がいなくなった。厳密には1年に数台は売れるかもしれないが、それでは生活ができない。家電製品の販売は、たくさんの人が買いに来れる都心や郊外の量販店の時代になった。

各家庭は自家用車をもち、大きな冷凍冷蔵庫をもつようになった。毎日の買い物ではなく、1週間に1回、スーパーに買い物に行けば良い。日常的な買い物は、コンビニが便利になった。共稼ぎだから、買い物の時間は朝早くか、夜遅く。昼間の時間帯にお店を開いていても、お客は来ない。専業主婦は、マイカーで郊外のスーパーやデパートで買い物をし、商店街はシャッターを閉めるようになった。

仕事のノウハウややりたい仕事があるからといっても、商売は成り立たない。徐々に徐々に周りの環境が変化し、知らない間に商売ができなくなっている。

メーカーも同じ。作りたいものを作っても、作れるものを作っても売れるとは限らない。同じ品質で同じ価格でも、売れる会社の製品と売れない会社の製品がある。新製品は年中誕生するけど、ヒットするのはわずか。なぜだろう？　答えるのは簡単。ニーズに合わない製品やサービスは売れないんだ。

じゃあ、**ニーズ**って何？　買い手の欲しいもの。何を生産すべきか、いかなるサービスをすべきか、この解答は、購入してくれる顧客に聞くしかない。つまり、誰のために生産するのか、誰のためのサービスなのかを考える。

ニーズは、時代とともに変化する。環境が変わるから。人々の生活パターンが変わればニーズも変わる。ニーズは、人によって異なる。60歳代の人の生活パターンと10代の生活パターンは異なっている。当然、欲しいと思うものは違ってくる。男性と女性でも異なる。関東と関西でも異なるだろうし、趣味や嗜好によっても異なっている。

ニーズをしっかり把握することは、ターゲット市場を決めることなんだ。ターゲット市場とは、顧客を特定すること。私たちのサンドウィッチを購入したいと思う人は誰なのかを決めるのね。お腹がものすごく空いている人、味にうるさい人、脂っこい味が好きな人、マヨネーズ味が好きな人、人びとの舌は多種多様。誰もが好む味は、誰にとってもそこそこの味なのかもしれない。もちろん、ニーズがわかっても、生産し、販売する能力をもっていなければ意味がない。

ニーズは、価格とも関係する。どんなに欲しいものでも、価格が高すぎれば購入に結びつかない。製品やサービスの価格は、ターゲットとした市場との関係で決めなくてはいけない。10代の高校生に50万円のハンドバッグや高級時計を販売することは難しいけど、40代、50代では大きな可能性がある。

一方、メーカーは質を高め、コストを低下させる努力をしている。高級品は、高級品に見合った質を兼ね備えていなければいけない。高価なハンドバッグがすぐに型崩れしてしまうようでは困る。他社との競争もある。自分の会社で決める価格も、勝手に決めれば良いというもんじゃない。サンドウィッチの価格も決めなくちゃ。

生産方法は、価格や質、そして誰に販売するかと関係する。同じ製品を一度にたくさんの人に販売するようなマスマーケットと特定の小さなニーズに対応するマーケットでは、生産する量が違う。少量生産と大量生産では生産方法が異なるのは当然。

生産方法は、場所にも関係する。海外からの輸入原材料を大量に使用する場合、物流コストを考えて工場を立地する。気候や水などの資源を利用する場合にも、これに適した立地を考える。サービス業も同じ。

また、ニーズに合致し、品質も高く、価格の低い製品が作れたとしても、そのことを知らせなければ売れない。広告や販売促進などの営業方法が重要だし、どこで生産し、どこで販売するのかなどの流通手段の選択も重要。つまり、どこで、どのようにして、いくらで生産し、いくらで販売するのかを検討しなくてはいけない。

どれも、タイミングによって異なる判断が必要になるから、結局のところ、いつ（When）、誰が（Who）、何を（What）、どこで（Where）、誰のために（Whom）、どのような方法で（How）、いくら（How much）で生産し、販売するかを考えなくてはいけない。

5W2Hね。それぞれ理由（why）を問うから、プラス1Wとしても良いかな。すべてが解決できなければほころびが生じ、事業は破綻する。

さまざまな環境を分析し、自分のもっている能力を評価し、足りない能力を外部から調達して、ビジネスをしなくてはいけない。

会社を起こすのは大変なんだ。少なくとも、基礎演習の授業で学んだことは、サンドウィッチを決めるような簡単なことではなかった。有美子の説明は、十分に理解できた。私は基礎演習の授業を、上の空で聴いてたのかな。

私の担任の先生は、ビジネスプランの作成方法を教えてくれなかったのかもしれない。実際にリーダーとなり、サンドウィッチを作ると決めたとたんに、有美子の話す内容が理解できた。

私たちのサンドウィッチは、環境に適合してるのかな。法律に違反してない？　保健所の許可は必要？　経済環境を意識する必要はないかもしれないけど、サンドウィッチに関する社会的環境は考えなくちゃ。

少なくとも、ブームじゃない。ハンバーガーの方がまだ流行ってる。タコスなどの方が良かったのかな。文化祭の定番である焼きそばの方が社会的環境に適しているかもしれない。自然環境としては、天候や気温ぐらいは意識しなくては駄目かな。11月にサンドウィッチのイメージってある？　おにぎりやお好み焼きが適してるかもしれない。なんとなく温かさが欲しい季節だもんね。

競争環境はどうかな。飲食店は、どの程度出店するんだろう。ＳＰＦの入場者の胃袋をみんなで分け合うことになる。

コラム 「ドメイン」について　枝理からの質問

「ゴルフの合宿に行くんですが、先生のサインが必要なんです。お願いできますか？」

「枝理か。こんどはどこに合宿ですか？」

「栃木のコースです」

「気をつけてね」

「はい。ところで、ちょっと質問していいですか？　ドメインについて、知りたいんですが？」

「インターネットのドメインじゃないよね。そんなこと聞かないよね、僕には。企業ドメインとか事業ドメインのことだね」

「あっ、そうです。事業ドメインです」

「うん。企業の活動範囲や領域のことだね。だから、ドメインを決定すれば、企業が競争する市場領域を決めることになる。同じことだけど、競争しない市場も決めているんだ」

「競争しない市場ですか？」

「これは結構重要なんだ。製品やサービスでドメインを決めたり、自社の強みとなっている技術や市場ニーズから決めることができるわけだけど、ここをしっかりと決めておかないと選択と集中ができずに、どんどん規模を拡張して取り返しのつかない事態を招くこともある」

「取り返しのつかないことって、倒産ですか？」

「そうだね。製品やサービスの視点で定義したドメインには、金融サービス業とか総合家電事業といったものがあるし、技術的な強みを意識したドメインには、協和発酵のバイオテクノロジー、キヤノンの光学技術、液晶のシャープといった具合だね。市場ニーズという点では、環境への関心が高まっていることを考えたドメインなども多いね。製品や技術に関係なく、団塊世代をターゲットにした製品・サービスの提供や高額所得層に新しい生活を提案するような事業の展開なども考えられる」

「狭すぎてもいけないし、広すぎてもいけないんですよね」

「そう。ドコモが携帯電話事業と限定した事業をしていれば、電子メールの送受信やさまざまなインターネットサービスを展開するｉモードは生まれなかっただろうね。だけど、まったく異なる分野に進出するのは難しいよね。たとえば、ファーストリテイリングは君も知っているよね。ユニクロの持ち株会社だね。衣料品関連事業を中心としていたけど、２００２年に食品事業に進出したんだ。だけど、失敗して、04年には撤退している。やっぱり、得意な分野に特化するのは大事だね。コア・コンピタンスを知らなきゃね」

「企業活動を方向づける指針ですね。事業ドメインの設定は、従業員や顧客にさまざまな期待をもたせることにもなりそうですね」

「そういうことだね。企業経営者の語るビジョンでもあるね」

「ありがとうございました。かなり納得しました」

第6章

ピン工場とゲーム機の謎—役割分担は慎重に

ピン工場とゲーム機の謎—選択と集中—

第2回目のミーティングは役割分担。リーダーとサブ・リーダーは決まっているけど、その他は決まっていない。目的が決まれば、これを実施する組織を作らなくてはいけない。つまり、組織をつくり、それぞれの仕事と責任範囲を決めなくちゃいけない。経営組織論の実践ね。でも、そんなことを意識したわけじゃない。当たり前のように、自然に役割を決めようということになった。

「教子、今日は役割を決めて、それぞれの役割ごとにチームをつくろう。それでいいかな」

弘樹が私に尋ねた。

私はうなずいて、「みんな集まった? これから1時間で役割を決め、それぞれの役割ごとにチームとなって、責任者を決めてもらいます。いいですか?」

「役割って、何？」役割なんて誰もが知っているだろうと思うけど、夢子が質問すると京都のイントネーションのせいかきちんと応えたくなる。

「お金を扱う会計とか、パンや材料を買ってくる人、サンドウィッチを作る人、接客係などよ」有美子がぶっきらぼうに返した。

「そんなの決めなくても、適当にできるんじゃない」健介らしいといえば健介らしいけど、もう少し建設的な意見が欲しい。

「あかん、役割分担は重要やな。**アダム・スミス**っていう経済学者を知っとるやろ。ほら、『国富論』（1776）を書いた学者やで」

新平が、おかしな方言で経済学部の学生らしく、分業の利益を説明し始めた。その説明は、授業を聴いたばかりからか、正確でわかりやすかった。スミスがピン工場を見学し、分業の効率性と生産性に驚いた話。

ピンは、1人の男が針金を伸ばし、他の人がまっすぐにし、また別の人がこれを切る。さらに、この針金を尖らせる人、頭部をつける人などに分かれて作業することで、各労働者は業務に精通し、熟練する。

小さなピン工場には10名ほどの工員が働いているけど、分業の結果、1人が別々に作業すれば1日に20本はおろか1本さえ満足に作れないかもしれないピンを48000本以上も作ることができる。分業は、2400倍以上の力を発揮するということね。スミスは、工場内の分業を社会全体の分業の説明に置き換え、市場のすばらしさを説くことになる。

「なるほど、すごいね新平。よく理解できたわ」枝理がほめた。新平は得意そうに鼻の脇をかいた。

そういえば、経営学部の授業でも同じような説明を受けたことがある。何の授業だったのかは覚えてないけど、任天堂やソニーのゲーム機の話から始まった。

大昔にはインベーダー・ゲームというのが流行ったらしい。30年ほど昔の話で、単純なモノクロ画面のゲームに、1回100円を払って大学生たちが夢中になって楽しんでいたという。そんな単純なゲーム機でも、喫茶店のテーブル代わりになるほどの大きさで、どっしりと重く、簡単にもち運びができるような代物ではなかった。喫茶店の初期投資額は結構な金額だったのではないかしら。

現在は、数千円から数万円で高機能なゲーム機が手に入れられる。私たちが3〜4日間もアルバイトすれば、プレイステーションやWiiを購入することができる。技術の進歩はすばらしい。私たちが豊かさを実感できるのも、技術進歩のおかげなんだ。

だけど、どんなに簡単で安価なゲーム機でも、1人で作ろうと思ったら一生かかっても無理。液晶パネルや半導体、鉄やプラスチックなどさまざまな部品や原材料からなるゲーム機も、単に組み立てるというのであれば半日もかからない。組み立てたことがないから正確ではないけど。

でも、半導体はどうやって作るのかな。液晶パネルの作り方を教えて欲しい。プラスチックの原料は石油。石油の採掘権を取得しなければいけない。中東まで行く必要がある。鉄は鉄鉱石を精練して作られる。どこから始めても一生モノ。

一生モノが私の3～4日間のアルバイトと引き換えに手に入る。私の未熟な仕事と引き換えに。これが分業の利益。

そして、この分業を担っているのが企業。企業は、自分の得意な領域で得意な仕事をしている。

「**選択と集中**」という経営戦略論に登場した言葉の意味は、そのときに理解できたはずだった。得意な分野に資源を集中しなければ選択したことにならないし、不得意な分野の仕事をしても競争に負けてしまう。

競争に負けるということは、その仕事ができなくなるということ。そこで働いていた従業員は必要なくなり、リストラの対象となる。使用していた建物や設備なども不要になる。折角の資源が無駄になる。

このような意味で、経営者の意思決定は責任重大なんだな。

私は、リーダーだから、いわば経営者ね。サンドウィッチ屋がSPFの途中で消えてなくならないように、しっかりと管理しなくちゃいけない。サンドウィッチ屋がSPFにとって必要な催し物であるかが証明される。

役割分担は慎重に―経営組織論―

「それで、具体的にはどのような役割が必要になるのかな？」真也が口火を切った。

「会計係は必要だよね。ＲＧＣにもあるし」

「会計係は何をするわけ。サンドウィッチの売上を管理するだけなの？」

「サンドウィッチを売ったときの代金は、販売している連中に任せれば良いよね。むしろ、売上代金を保管して、パンなどの材料を購入するときなんかに支出する必要があるし、毎日の収支を管理する必要があるだろう。これをしっかりとやってもらわないと、儲かっているのか損しているのかわからなくなっちゃうからね」

「それに、資金集めも必要じゃない。最初に、パンや材料、それにオーブンなんかを準備しなくてはいけないから」

「そのほかの仕事には何があるの？」

「さっき有美子が言ってたけど、材料の調達係、作る人、接客係、それに販売促進の係も必要ね。無理やり知り合いを連れてきちゃうとか、勧誘するわけ」

みんな思う限りの役割を考えてくれる。

「整理してみようか。会計、調達、生産、販売、接客、営業というようなところでいかが？」

私はまとめに入った。

「接客と販売と営業は、同じでいいんじゃない？」

「そうね。でも、外でビラ配りをしたり、勧誘してお店に連れてくる人は、別じゃないかな。だから、営業は別に必要よ」

「せやなー、ほな、販売と接客が一緒やな」

「ちょっと待って。サンドウィッチ屋って、販売するだけなの？　テーブルを置いて食べてもらわないの？　もし、食べてもらうんだったら、接客係も必要よ」

どんどん具体的なイメージが膨らんでくる。

なるほど、私は自分で整理しながら、サンドウィッチ屋のイメージが十分できていないことに気がついた。おそらく、みんなそれぞれに異なるイメージをもっているのかもしれない。

最初のミーティングのあとで、有美子が言っていたことを思い出した。役割分担といった組織の設計も、全体の計画と調和が必要なんだ。５Ｗ２Ｈの同時決定ね。

マーケットの大きさを考えて、生産方法や販売方法を考えなくちゃいけない。３人程度のお客さんだったら、サンドウィッチを作りながら、お金の出し入れもできるだろうし、カウンター席なら接客もできる。

私は、家の近くのラーメン屋さんを想像していた。カウンター席だけで、５席しか椅子がない。最大の客数が５人だけ。満員でも、ラーメンを茹でながら、スープをつくり、具を載せ、レジでお金の出し入れもしている。役割分担はない。すべての仕事を1人でこなしている。もっとも、いつも満員ということはない。

大学のそばにあるラーメン屋は、カウンター席だけど、10席がいつでも満席。昼は行列ができる。自販機で食券を購入し、並んで待つ。厨房には4人が入り、2人で茹で、2人がスープとトッピングの係をしている。

東武デパートの地下にあるラーメン屋は、カウンターはなく30人ほどのテーブル席。レジはあるけど、給仕係とレジ係は一緒。厨房で働く人は見えない。昼時は満席だけど、行列ができるほどは混まない。

カウンター席では接客係は要らないけどテーブル席になると給仕係を考えなくちゃ。セルフサービスという方法も考えられるけど、その場合には、セルフサービス用の設備を考えなくてはいけない。人と設備の最適な組合せを見つけるわけね。ラーメンの質や価格、店の雰囲気などによって、食券、レジ、給仕係などの選択が必要になる。

毎日1000人以上のお客が来るようなラーメン屋では、自販機の食券では追いつかないかもしれない。材料の調達だけを専門に扱う部署が必要になる。購買部門になるのかな。もっと多くのラーメンを作るようになると、材料ごとに課ができたりするかもしれない。

たまご課とか葱課、チャーシュー課、メンマ課、それに自家製の麺を作る材料も仕入れることになるから、麺の材料課なんてね。これはかなり大きなラーメン会社ね。

生産部門も、大人数が必要になる。麺をほぐす人、茹でる人、材料を切ったり、焼いたりする人、スープを作る人などなど。

そして、販売部門では、給仕係がせわしなくお客さんの注文を取ったり、配膳や後片付け、テーブルを拭いたりしている。レジ係は、食べ終わったお客から代金を受け取り、お釣りを出したりしている。

さらに大きくなると、営業部門なんかが出来て、ラーメンを販売するための得意先企業などを開拓する。製造部門では、冷凍のラーメンなんかを作ったりして、営業部門にスーパーなどへ卸すように提案するのかもしれない。

正社員が何人も必要になり、人事部も必要になる。雇用も日常的な仕事になってくる。お金の流れも管理しなければならなくなる。

日常的なお金の流れは、ラーメンの売上収入と多岐にわたる支出項目。給与、水道光熱費、電話代、交通費、それにラーメンの材料費などがある。頻繁にはないけど重要な支出がテーブルや椅子の購入、店舗の改装費、新店舗の建設などのための現金支出。こうした現金支出は、日常的な現金収支の部署と分けておいた方が良いかもしれない。

大きなラーメン屋では、レジのお金の出し入れと、銀行などとの交渉は違う仕事内容にしたほうがいい。

ラーメン屋が儲かると、別の仕事もしたくなる。私なら美容院もやってみたい。可愛い小物を輸入して販売する雑貨店も魅力的。たくさんの事業をする多角化した企業の組織はどのようになるのかな。

このようにイメージを膨らませていると企業の組織は決まった形ではなく、それぞれに固有の組織があって良いんだと思った。

経営学や経営組織論で学んだ組織は基本形なんだ。夏休み前に実施した前期のテストは、「**職能別組織（機能別組織）**と**事業部制組織**について説明しなさい」という問題だった。私はなんて書いたんだっけ。自分で書いたのに、丸暗記していたから、テストが終わったら全部忘れちゃった。でもいまなら理解できそう。

購買部門、生産部門、営業部門、それに財務・経理部門や人事部門といった仕事の種類に応じて組織を作るのが職能別組織。仕事の役割を分担するんだ。

それぞれの部門にいる職員は、専門的な職務の知識や技能に集中できるので、仕事の効率性が高まる。余計な仕事をしなくて良いというのは、集中力も高まるだろうな。

企業が多角化すると、事業別に組織を作ることで専門的な仕事を一括りにすることができる。ラーメン部門と美容部門、それに雑貨部門をそれぞれ別の企業のように考える。

もちろん、３つの部門を統括する本社組織が必要になる。本社組織の下に事業別組織を作る。事業別組織のなかは職能別組織で良いわけ。

事業部は、製品やサービスの違いだけでなく、地域や顧客によって分けることができる。

事業部制組織

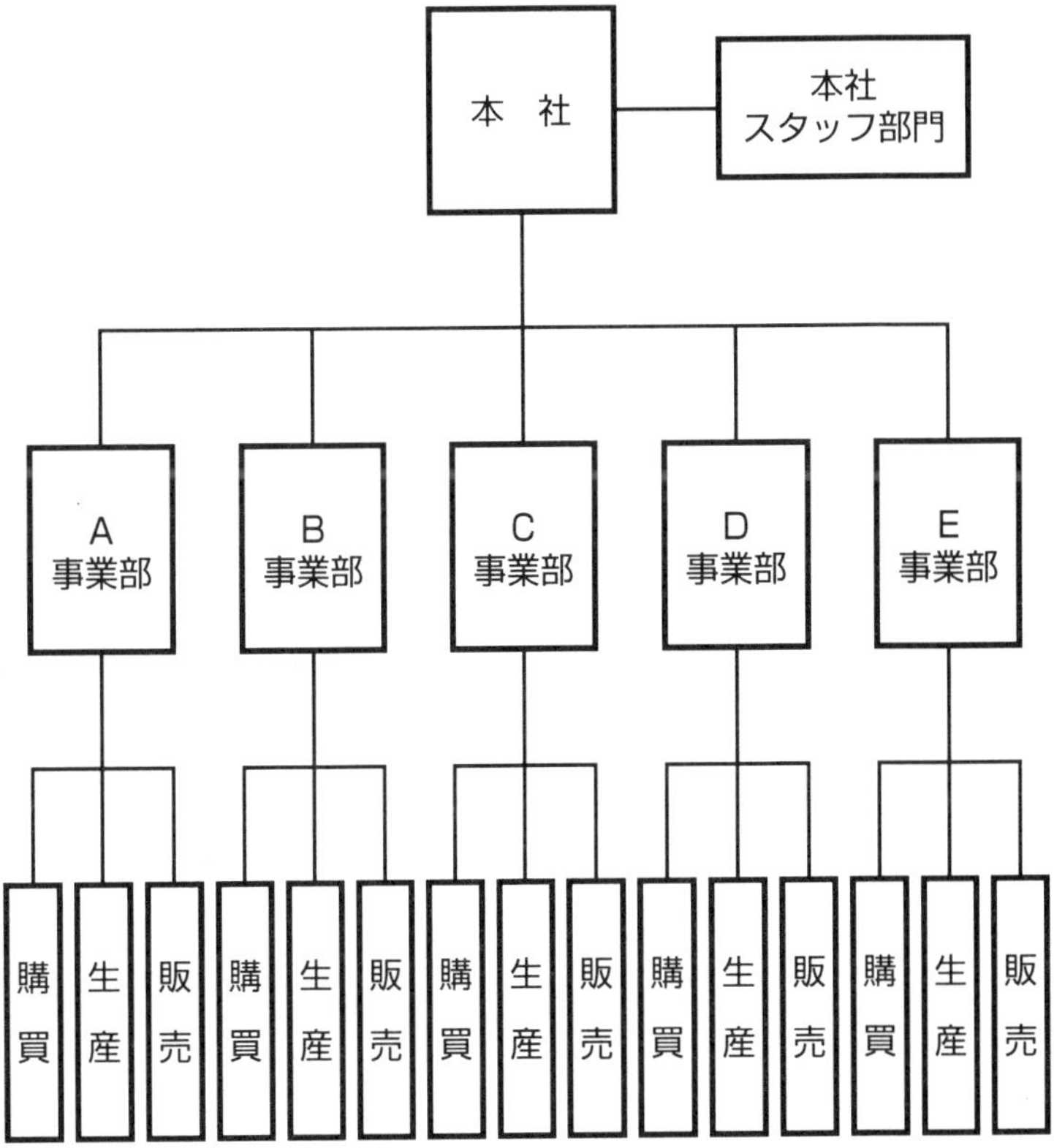
本　社
本社
スタッフ部門
A
事業部
B
事業部
C
事業部
D
事業部
E
事業部
購買
生産
販売
購買
生産
販売
購買
生産
販売
購買
生産
販売
購買
生産
販売

北海道、東北、関東、中部、関西、九州などの地域別に事業部を設けたり、顧客の年齢や性別、所得に応じた事業部を作るのも意味がある。

ヤマダ電機とビックカメラの組織形態は違っているのかしら。マックがセルフサービスではなく、給仕係を作っていたら、どんなハンバーガーショップになったんだろう。組織形態も異なっているに違いない。

カップ麺は、関東と関西でスープの味が違うんだって。地域別事業部制組織になっているのかしら。想像してみるのは楽しい。

組織は目的を達成するための役割分担なんだから、組織設計の違いはアダム・スミスが説明した分業の生産性や効率性の差につながるはず。

いけない。経営組織論を思い出しているときじゃない。いまはＲＧＣのサンドウィッチ店を考えなくちゃ。

私はマックでアルバイトをした経験はあるけど、6名もいれば十分。それなりの数のお客さんが来ても、注文に対応できる。11名がフルに働いているような大掛かりな飲食店はちょっと見たことがない。私とサブ・リーダーの2人は店には出ないで、全体を統括する本社機能ということにしよう。残りは交代制にでもしようか。ＳＰＦはたくさんの催し物をやっているから、見物もしたいよね。でも役割分担を考えるとそんなに余裕はなかった。

「私のイメージは、サンドウィッチを作る人が2名、接客係も2名かな、それに買出しが2名という感じなんだけど、どうかしら」

「そうすると、6名しか必要ないということね。あとは来なくて良いとか」絵美が含みのある笑みを浮かべた。

「現場はね。でも、私とサブ・リーダーの2名は、全体の管理を担当します。お客さんとのお金の出し入れは接客係に任せるけど、全体のお金の流れや、それぞれの役割との調整をします」職能別組織では、それぞれの職能間の調整は、部門の長が集まり、相互に調整しなくてはいけない。

私自身の役割としては、この調整役を考えた。実際に、SPFの当日は、私もサブ・リーダーもフルに活躍することになる。

「それと、店を離れて、営業活動もしてもらいます。お客を連れてくる係ね。これは2名程度必要でしょう」

これで11名になる。全員が参加する組織を想定すると、テーブルは3つほど置く方が良いよね。持ち帰り客のほか、10名前後がテーブルで食事をすることができる。

「なるほど。俺と有美子はスタッフ組織を担うわけだね」

「弘樹、なんだい、そのスタッフ組織っていうのは？　スタッフじゃ駄目なわけ。あんまりわけのわからない言葉は使わないで欲しいんだけど。格好つけすぎ」健介がすねたように言った。私も思い出そうと眉間にしわを寄せていた。やはり経営組織論の授業だったのかな。あるいは経営学の授業かもしれない。

「**スタッフ組織**というのは、ライン組織との関係で出てくるんだ。**ライン組織**は、直接部門ともいって、製造業でいえば、購買、生産、販売といった部門だよ。これらの部門は、製品やサービスの生産活動に直接従事していて、手順通り従ってくれないとうまく機能しない。みんなが勝手な活動をすると役割を分担しても意味がないじゃない。これに対し、経理や人事なんかは間接部門で、ラインを調整したり支援するようなスタッフ機能を担う組織なんだ」弘樹の説明を聞いても、まだ十分に理解はできなかった。でも彼は、私の言ったことを代弁しているはず。彼はテスト勉強が身についているんだ。(9)

私が十分理解できないでいると、健介が言った。

「なに言っているのかわからない」健介は正直だ。ちっとも格好をつけない。わからないことをわからないというのは勇気がいる。

みんなは、理解できないのに、馬鹿だと思われるんじゃないかと思って、うなずくだけ。理解できないことが、恥ずかしいことと思っている。でも、本当は、説明している方にも責任があるはず。

教授の話でも、難しい専門用語だけを並べている先生は、呪文を唱えているみたい。教授

ライン組織

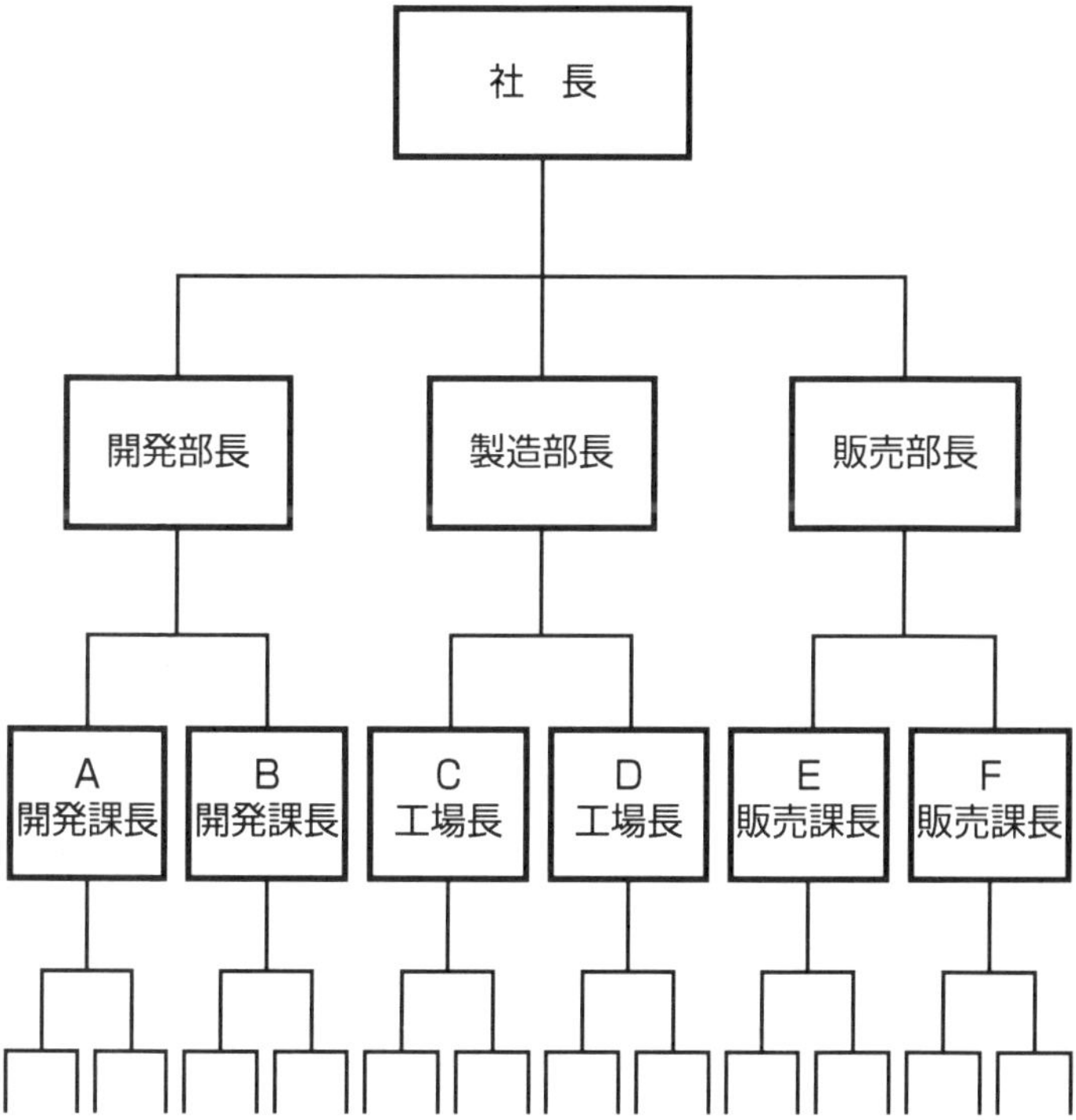

（9）ラインは、軍隊組織のようにピラミッド型になっており、トップからロワーまで単一の命令系統で結ばれた命令系統の明確な組織形態を指す。ラインに対してスタッフ組織は、軍隊でいえば司令部組織のようなものである。複数の参謀を抱え、それぞれは命令系統での縦のつながりではなく、水平的なコミュニケーションにより相互に役割を分担する。一般の会社では、主たる業務がライン組織であり、経理や総務などがスタッフ組織となる。

も、本当にわかっているのかしら。意外と誰かの本を丸暗記しているだけだったりして。

「私も正確にはわからないわ。でも、ライン部門っていうのは組織の目的に直接関わるような活動を担当する部分なのよ。だから、サンドウィッチ屋の場合には、材料を仕入れる部門やサンドウィッチを作る部門、そして、これを販売する部門がライン部門になるの」

「なるほど。ラインは良くわかるね」

「それでね、これを補佐する部門がスタッフ部門と呼ぶのよ。スタッフ部門は、仕入にも、生産にも、販売にも支援という形で間接的に関わる仕事よ。実際にサンドウィッチを作って売るという活動には直接関わらないから、間接部門なんていわれるわけ」

「ふん。ふん。わかるね」健介がうなずく。

「だから、現場の仕事について命令することはないらしい。でも、おかしいと思ったら命令とは言わないけれど、こうして欲しいとか言うんじゃないかな。アドバイスね」有美子の説明は私にとって十分なものだった。

「弘樹の説明より、有美子の勝ちだね。私のなかでは」絵美も私と同じ感想だ。

「なに言ってんだよ。俺の説明と同じじゃないか」

「ちょっと違うんや。言葉のやさしさや」新平も言った。みんながうなずくので、弘樹も引き下がったみたい。たぶん、弘樹も自分の言った内容をあらためて確認したんだろう。理解が深まるって、気持ちいい。腑に落ちないものが、すっとお腹のなかに落ちて消化される気持ち。

「いずれにしても、俺らの組織は**ライン　アンド　スタッフ**組織というんだよ」弘樹は自信たっぷりに発言した。彼は、自分の説明に酔っているみたい(10)。

「それじゃあ、とにかく役割を決めましょう。弘樹、有美子以外はライン組織になります。弘樹と有美子は、経理や財務とその他の総務系の分担を決めてね。私は、サンドウィッチ屋の社長になります」

「教子が社長かよ。俺がやりたかったな。社長は」また健介。

「リーダーが社長なのは当たり前。でも、文化祭だから社長とはいう必要ないけどね。店主という感じね。スタッフ部門は経営学部なんだ」枝理が言った。

そういえば、経営学部で独占してしまった。まずかったかな。私は、失敗したと思った。でも、自民党総裁の派閥政治とは関係ない。各学部から平等に選抜する必要もないもんね。私が必要と思ったのが、たまたま経営学部だったんだ。

いつも、同じような授業を受けているから、どうしても相談にのってもらいやすい。心配は杞憂に終わった。誰もそれ以上に意識している様子はない。

「最初に、サンドウィッチを作る係から決めましょう。これが一番肝心だから」好美の意見は正当。サンドウィッチといっても、日頃台所仕事をしたことのない人には任せられない。いわば技術者ね。

「ほな、うちがやるわ」意外にも最初に手を挙げたのは新平だった。そうか、彼は1人暮ら

ライン　アンド　スタッフ組織

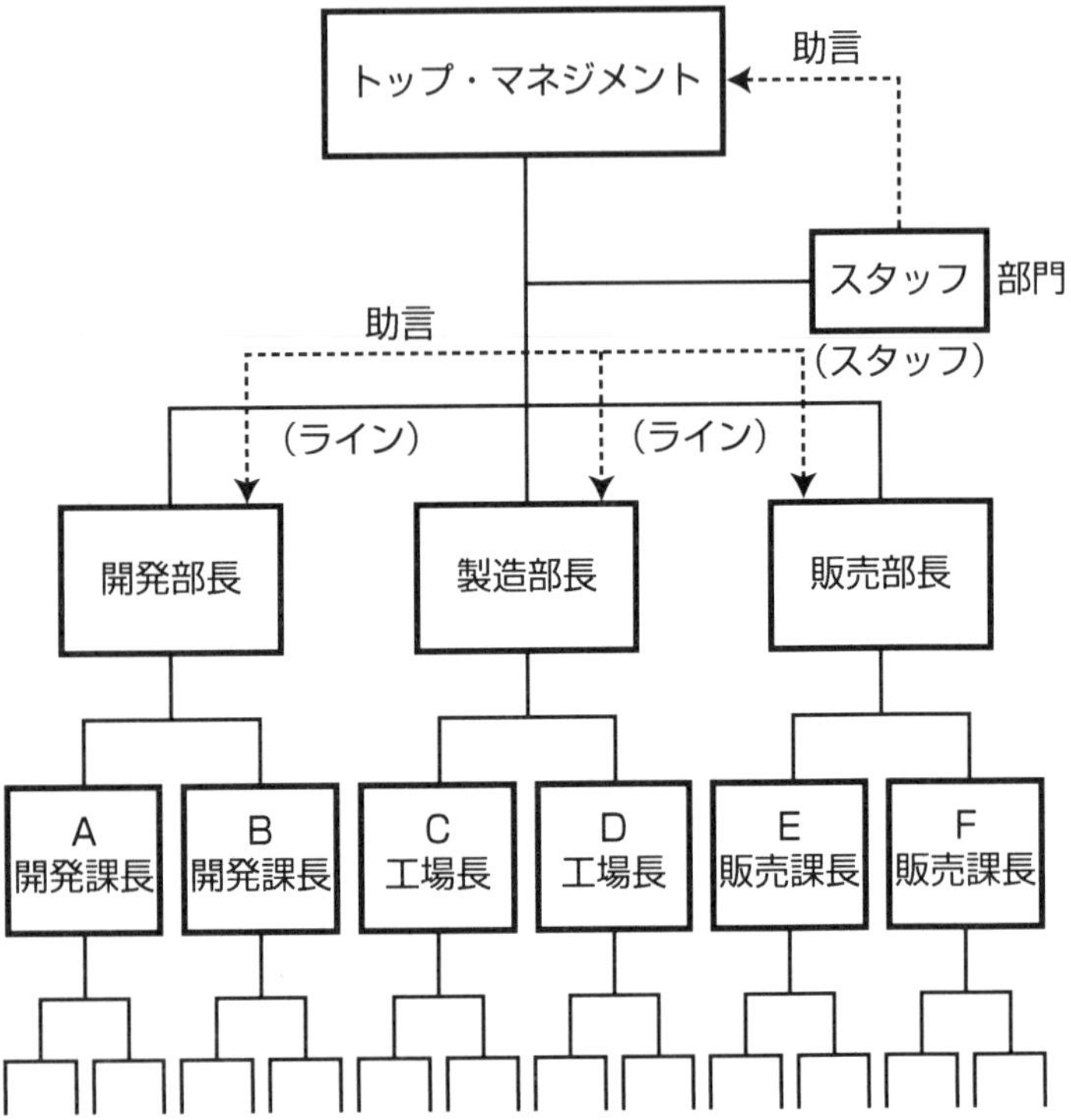

(10) 組織形態には、ライン組織やファンクショナル組織、ライン アンド スタッフ組織、そして職能別組織や事業部制組織、マトリクス組織、プロジェクトチームなどの形態がある。その分類方法は、権限と責任の関係や役割などによって異なる。そして、組織の形態は、目的を遂行するのに適した形が選択される。一番高い成果が期待でき、もっとも効率的にその成果を達成する組織を考えるのは経営者の大事な役割なのだ。

マトリクス組織

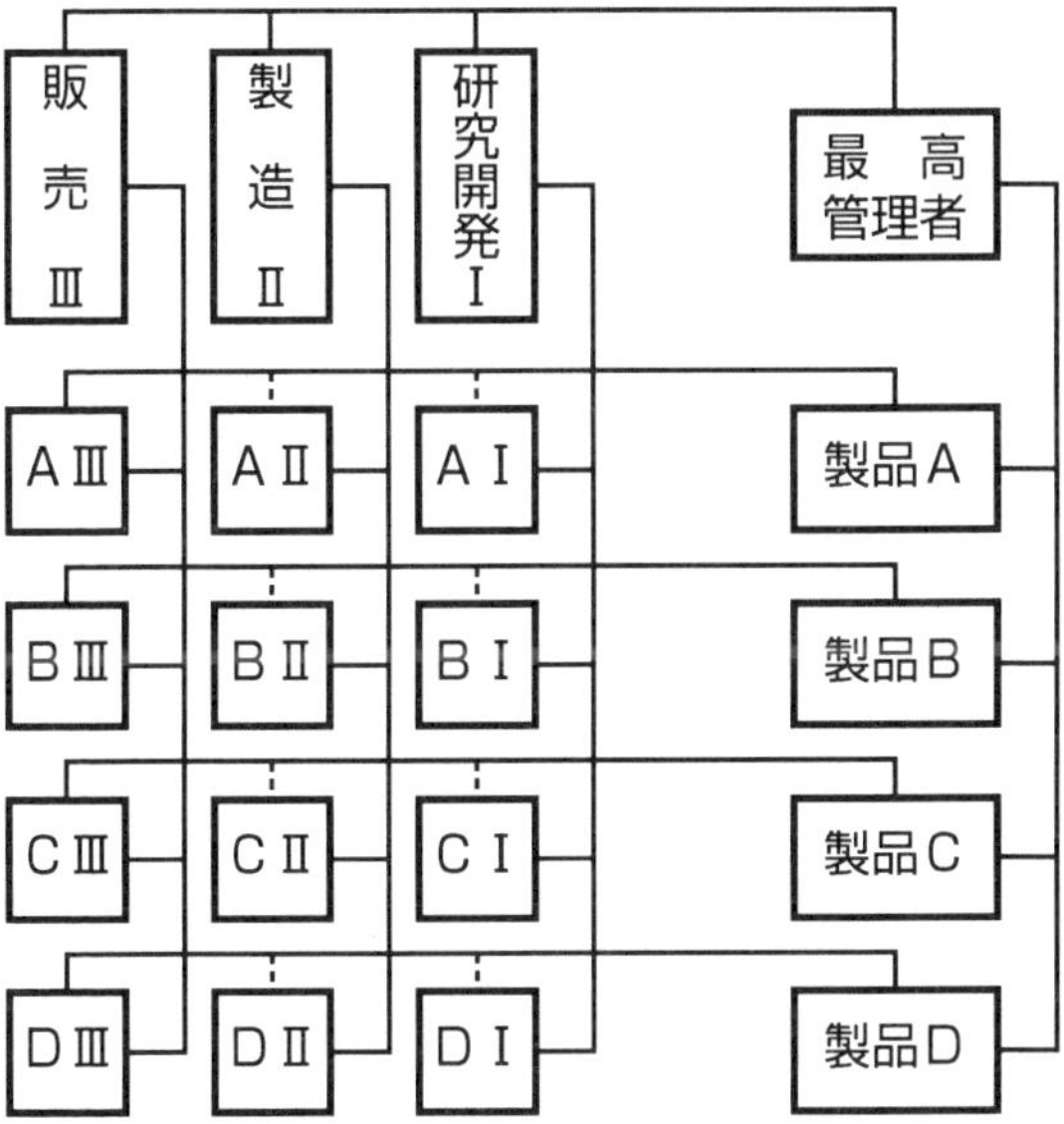

ファンクショナル組織

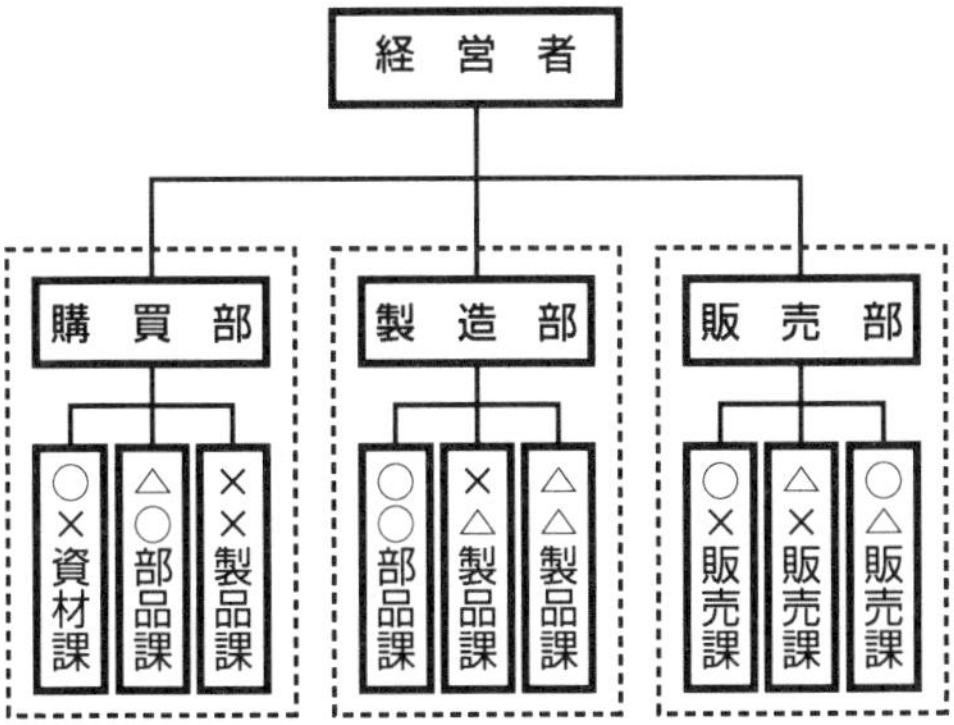

しだから、自炊しているんだ。包丁さばきも慣れたものなのかしら。

「新平がやるなら俺も」えっ、男子2人が作るの？ 翔太も1人暮らしだったっけ。なんと男2人がエプロン姿でサンドウィッチマンか。あれ、サンドウィッチマンは広告手法だった。人のお腹と背中に看板をつけて繁華街を歩くアレ。最近のお笑い芸人にもいたっけ。

「健介と真也はなにをやる？」

「自分は最後で良いよ。何でもやるから」真也が答えた。

「俺は営業をやる。可愛い女の子を連れてくるから」健介のことばに枝理が一言。

「駄目。健介は接客係をしなさい。どこかにいなくなっちゃうから監視が必要」

「でも、接客もできるかな？」絵美がさらに駄目だしをすると、健介がすねた。

「じゃあ、なにをすればいいんだよ」

「仕入係をやってよ」枝理が2人を指差しながら命じるように言った。

「女子にはかないません。了解です」真也はすんなり承知したけど、健介は不満そうにぶつぶつ言っていた。

「私は接客をするわ」絵美が言うと、好美も同調し、枝理と夢子は営業係を担当することになった。

各部門のメンバーを決めて安心してしまった。本当は、部門の責任者も決めておかなくちゃいけなかったんだ。後で失敗だったことに気づかされる。

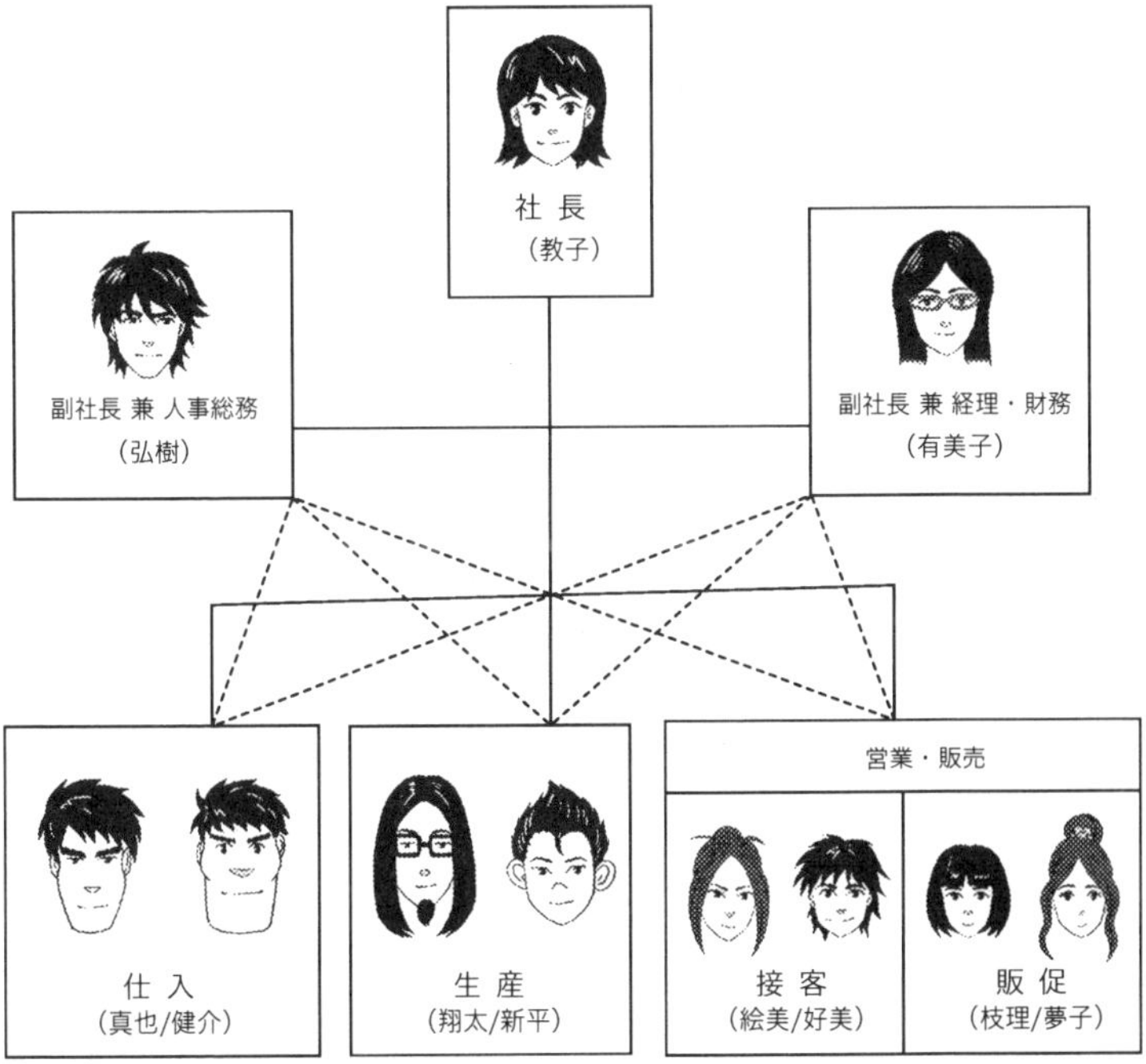
社長
（教子）
副社長 兼 人事総務
（弘樹）
副社長 兼 経理・財務
（有美子）
仕入
（真也/健介）
生産
（翔太/新平）
営業・販売
接客
（絵美/好美）
販促
（枝理/夢子）

コラム 「組織」について 新平からの質問

「亀川先生、組織形態がぎょうさんあるのはわかったんやけど、一番最適な組織形態っていうのはどないもんでしょ?」

「結論から言うと、すべての企業に適した組織形態というのはないんじゃないかな。組織論の先生に聞かないとわからないけどね」

「先生のわかる範囲でいいんやけど。あっ、すんまへん。関西弁が…」

「僕のわかる範囲か。基本的には、サンドウィッチ屋で理解できたと思うんだけど、組織は目的を達成するための役割分担だろ。目的に応じて組織は異なるんだ。ゴルフサークルの組織は、サンドウィッチ屋と違うだろ。軍隊は命令が絶対だから、それに応じた組織を構築するし、法律で定められた仕事をする官僚組織も似たような組織だね。だけど、目的を探すことが目的になるような組織はどうだろう。新製品や新サービスの開発が目的の場合には、軍隊的な組織では機能しないんじゃないかな。命令でアイデアは生まれないからね」

「そやな。…あっ、そうかもしれませんね」

「それに、人を考えないで組織を作ったりはしないよね。サンドウィッチ屋で学んだように、意識しなくても人に応じて組織を作ったんじゃないかい?」

「確かかや」

「それに戦略が変更すれば、組織のあり方が変わる。だから、環境変化が激しいような領域で事業をしていれば、組織の構造は柔軟に変化できるようにしておく必要があるよね」

「そやな。変化に対応するには硬直した組織は危ないわな」

「会社の規模も関係するよね。1万人の組織と10人の組織では、役割分担の仕方も違うけど、コミュニケーションのとり方が相当違っちゃうだろ。直接、顔を見合わせて会議をすることができなければ、情報をうまく伝達できるような組織を構築しなくちゃあならない。それに、人も重要。誰がどのような能力をもっているかわからないような大きな組織と、相互の能力を理解しあっている組織では違うんじゃあないかな」

「そやそや、最適な組織なんてありゃせんな。…ありませんね」

「そう。組織設計は、戦略策定と同じく経営者の最も重要な課題の1つなんだ。組織設計に失敗すれば、戦略も何も意味を失っちゃうんだ」

「おおきに、納得ですわ。先生、次の授業があるんで、ほな、さいなら」

「忙しいやつだな。新平は」

第7章 東インドへの旅—儲からない会社は価値がない！

株式会社の仕組みってどうなってるの？ —所有と経営の分離—

私たちのサークルは歴史があるので、本当にしっかりしている。ＳＰＦでの資金調達も半端ではない。

大学からは、ＳＰＦ実行委員会に予算が配分される。この予算は、ＳＰＦに参加する団体に配分され、文化祭の準備に使われる。配分される予算内で開催すれば資金調達を考えることはない。

だけど、ＲＧＣはそんなに甘くはない。配分された予算は、サークルの活動資金として最初に徴収されてしまう。そのため、ＳＰＦの準備資金はゼロからのスタート。

時には、立教通り商店街から広告費名目で資金援助をしてもらうこともあった。でも、最近は実行委員会のパンフレット作成にカンパをお願いするため、商店街への二重の負担は避けるべきだという主張が強くなった。

お願いするだけでも、結構申し訳ない。商店街が儲かっているようには思えないし。

そこで考案されたのが**株式会社**方式。1年生と4年生までの全員が1人500円以上の出資をする。500円と交換に株券1枚（＝株式）をもらう。

1株500円で36名、最低18000円は集められる。毎年4年生は2株1000円を出資しているので、おそらく、21000円は集まるに違いない。

「RGCの株式を発行しなくてはいけないね」

資金調達については、有美子や弘樹と相談して、必要とする金額を集めなくてはいけない。財務や会計の仕事は、スタッフ組織に委ねられている。

「去年の株券を真似ようよ。まだもってる？」

「え～。去年のSPFが終わったら、必要のない紙くずだからね。捨てちゃったよ」

当然よね。実際の株式会社でも、倒産して消滅した会社の株券を大事にもっている人がいるとすれば、それは収集癖のマニアのやること。

「そうだね。でもどうして株式会社方式なんて考えたんだろう。一体、いつ頃から始めたんだろうね。私は、まだ仕組みが良くわからないんだけど」

私は、正直に株式会社の仕組みが理解できていないことを打ち明けた。この2人なら質問しても恥ずかしくない。

でも、大教室の授業では質問できないな。あそこで質問したら、みんなに迷惑かも。先生は何でも質問しなさいというけど、あれだけ速いスピードで講義しているのに、どこで手を挙げればいいんだろう。あり得ない。

「経営学の授業でちょっとだけ触れていたじゃない。企業形態の説明だったかな。でも、コポガバかファイマネの授業で詳しく説明してたよ」

コポガバとは、コーポレート・ガバナンスという授業名の略称。日本語では企業統治というみたい。学生は授業名を略して話すことが多い。ファイマネも同じ。これはファイナンシャル・マネジメントの略称。訳すと企業財務とか経営財務、または財務管理となる。

「覚えていたら教えてくれない？　弘樹、結構、覚えているんだね」私は、本当に感心していた。

「いいよ。どっから説明しようかな。まずは基本中の基本からいこうね」

私は、教授の授業より真剣になった。友達から聞くというのは、何となくわくわくする。

「株式会社では、出資した人が**株主**と呼ばれるんだ。会社にお金を出す人は、一般に資本家っていうでしょ。株主は資本家なんだけど、会社のオーナー、つまり所有者でもあるわけ」

「うん。それは知ってる」

「会社にお金を出す場合には、出資と融資という2種類の形態があるんだね。株主になるというのは出資、融資の方は、ただお金を貸すだけ。だから、期日が来たら返さなくてはいけない。利子をつけてね」

「融資は借金なんだ。そうすると、出資したお金は返さないわけ。株主にはお金を返さないの？」私は、初めて生まれた疑問をそのまま素直に質問した。

「そうだよ。株主になるというのは、オーナーになることでしょ。教子は、将来自分でお金を貯めて家を建てたとき、そのお金を誰かに返す？　返さないでしょ。でも、銀行からお金を借りていたら、その分だけは利子をつけて返さなくてはいけないでしょう。株式会社も同じよ」

有美子が説明してくれた。なるほど、そういうことね。私はうなずいた。この2人は本当に理解しているんだ。すごい！

「株主はお金を出すことで、会社のオーナーになるわけだから、そのお金の使い方を決めることができるわけなんだ。1人の株主ということもあるけど、複数の株主がいれば、使い方については全員で決めることになるわけ。これが株主総会」弘樹が続けた。

「なるほど」

「株主は**株主総会**を開催し、会社の重要な問題を決めることになる。注意しておくけど、一般に社員といえば従業員のことを指すじゃない。だけど、法律上では株式会社の社員と言えば株主のことをいうんだって。一般的な使い方にすれば誤解しないのに、変な使い方だろ」

「えー。社員っていうのは株主のことなんだ」

「あー。でも、使い分けなきゃ駄目だよ。普通に社員ということばは経営学関係で使われているし、そのときの使い方は従業員を指す方が圧倒的に多いから」

「法学部なんかだと、社員と出資者がイコールなほうが多いのかな？　同じことばでも、使い方やイメージは違うものだよね」

有美子のことばで、環境の重要性を改めて思った。住んでいる環境や学んでいる世界で、自分たちは違うイメージや考え方をするようになっているんだ。もちろん、法学部の学生だって、普通に社員ということばを使えば従業員を指す。日常会話で社員と出資者をイコールに使っていたら、コミュニケーションにならないから。

「説明を続けるよ。いいかな？」真剣に考えている私を見て弘樹が言った。

「ごめん。お願い」

「1株を購入した株主は、1票の議決権をもつわけ。これは普通の選挙の投票権とは違うわけだね。1人1票ではなく、1株1票、2株をもつ株主は2票の議決権をもつことになるわけだね。これも当然だよね。何億円も出資した株主が1万円の株主と同じ意見表明しかできないんじゃあ、オーナになるのは心配だろ」

「どうして？」

「考えてもみなよ。10億円出した人が、1票しかなくて、1万円の株主が10人で10票もったら、10万円で10億円を自由に使えることになっちゃうだろ」

「なるほど。株主総会の議決権っていうのは会社を支配する権利でもあるんだ」

「そうそう。過半数の株式を所有していれば、株式会社を支配できるわけよ。だけど、定款変更だとか、会社にとって特に重要な問題なんかは、特別議決が必要になるんだ。確か、特別決議は出席株主の3分の2以上が必要だとか(11)」

有美子がうなずきながら説明を加えた。大事なことのなかでも特に大事なことはより多くの賛同を必要とするんだ。

「そこまでは覚えてないよ。有美子の記憶力はすごいな。授業でやったっけ？」

「やってないよ。顧問の先生と偶然電車のなかで一緒になっちゃってさ。居心地が悪かったけど、株主総会の話を質問したら、教えてくれたの。昨日のことだから、覚えてるわけよ。直接先生に聞いてすぐに忘れるわけにもいかないしね」

「顧問の先生って誰だっけ」1年が半分過ぎた頃になっても弘樹は顧問の先生を知らないなんて。

「コポガバの亀ちゃんじゃない」

「亀ちゃん？」

「亀川教授よ、私たちのRGCの顧問は。覚えておかないと駄目じゃない」

「ちょっと待って。顧問のことなんてどうでもいいわ。定款ってなによ」私にとっては、初めて聞く言葉だった。

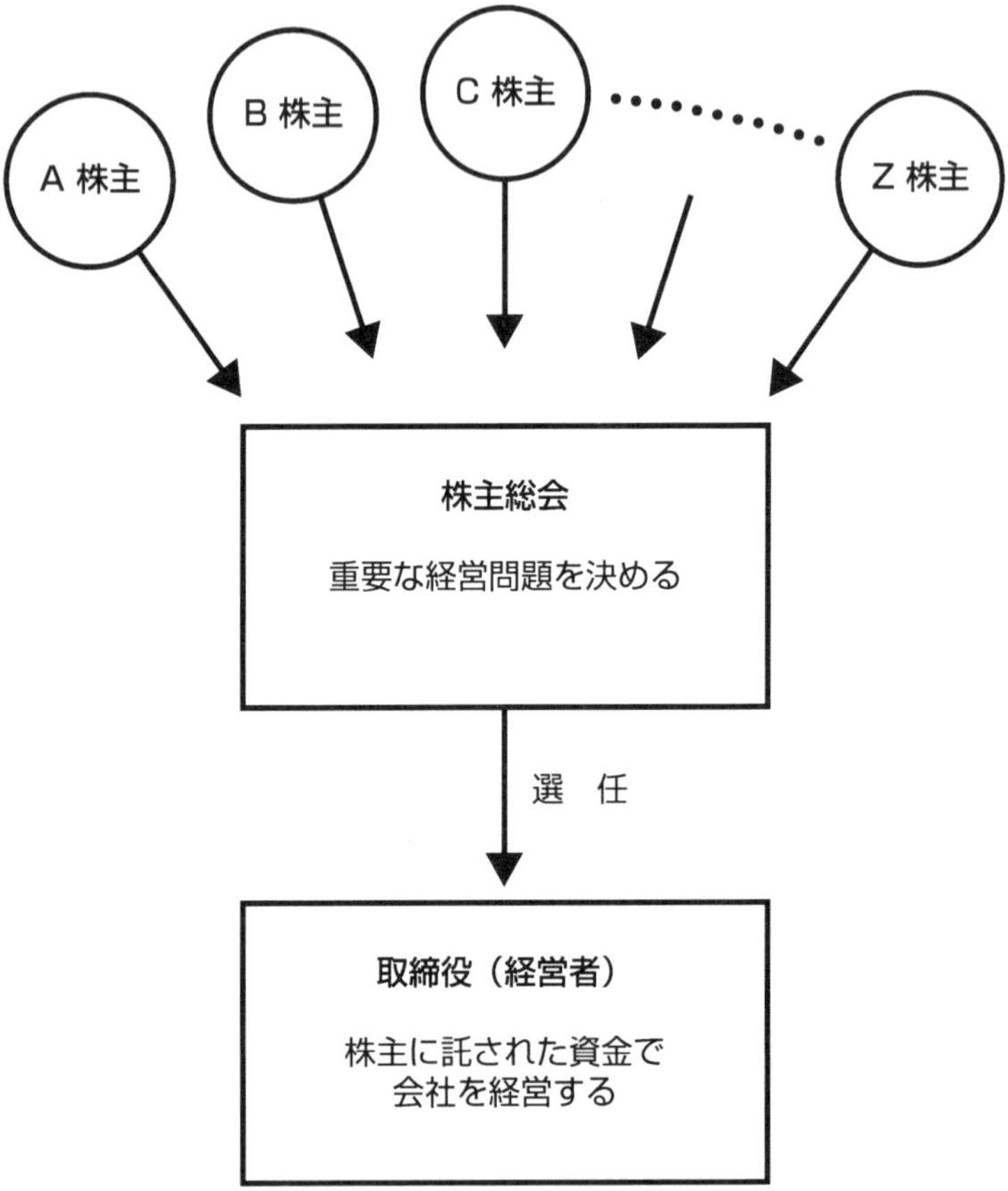

(11) 株主総会の決議には、過半数の株主が出席して、その過半数で決する普通決議以外に、特別決議や特殊決議がある。特別決議は、総議決権の過半数を有する株主が出席し、出席した株主の有する議決権の３分の２以上の賛成をもって決議される事項。詳しく知りたい人は会社法を勉強すること。

「会社の憲法よ。会社が組織活動をするための根本的な原則で、会社の名前や目的、役員などを決めて書くわけ。だから、私たちの場合、サンドウィッチ屋の名前を決めなきゃね。目的は飲食店の経営でいいんじゃない。役員は、決めたしね」

有美子は昨日の亀ちゃんとの会話でしっかり勉強したんだ。2人をサブ・リーダーに選んで良かった。

本当は、2人のどちらかがリーダーになるべきだったのかもしれない。日本の憲法改正問題についても考えてみよう。会社の憲法と日本の憲法には、共通点も多いのかもしれない。

「いずれにしても、たくさんの株主が経営に参加しているわけね」

「会社の規模によるよ。いまは1円から株式会社をつくれるからね。そんな小さな会社に100人も1000人も株主がいても仕方ない」

「もともと、株式会社は大規模な設備が必要な事業、たとえば鉄道事業なんかに適していたから、当然、1人の株主を想定したものではないんだ。株主がたくさんいる場合、株主総会は頻繁に開催できないだろ。仮に集まることができても、5人くらいならスムーズに物事が決まるけど、50人もいる会議ではなかなか決まらないじゃない。俺ら11人の会議も結構時間かかるようにね。まして何千人も株主がいたら、もう細かな経営問題などを決めてはいられない。だから、株主総会では株主にとって比較的大事な事項だけに限定して、日常的な問題は、総会で選んだ取締役に任せることになるんだ」

「なるほど。そこで取締役なんだ」

「そう。つまり、株式会社の経営は、株主が集まる株主総会と株主の選んだ取締役が決めることになるんだ」

「所有者と経営者の役割分担ね」有美子が口を挟んだ。

大規模な会社では、多数の株主が出資して、多額の資金を集めている。株主は、お金を出すけど、必ずしも経営の専門的な知識をもっているとは限らない。

トヨタ自動車の株主が自動車の世界戦略を語る必要はない。株式市場でトヨタ自動車の株を購入すれば誰だってトヨタの株主になれる。

一方、経営者は、株主でなくとも経営の専門的な知識をもっていれば経営者になれる。株主は優秀な経営者に自らの資金を託して、これを増やしてもらおうとしているわけ。

「そうか。これが**所有と経営の分離**なんだ」

私たちのサンドウィッチ屋では、株主はサークルのメンバー全員。そして、株主総会で1年生が取締役に選ばれた。私は、取締役会で選ばれた代表取締役ということになる。

SPFで資金を稼げなければ株主総会で責任を追及されるよね。でも、SPF開催中のサンドウィッチ屋の業務内容については、1年生しか知らない。先輩たちが見に来て、「どうだい、調子は。儲かっている?」と聞かれたら、きちんと応えなくてはいけない。私にはその責任がある。

もっとも、このくらいの規模で所有と経営が分離することは少ない。町のおじさんが経営するラーメン屋は、株式会社であっても、おじさんが株主であり経営者。しかも、従業員がいなければ従業員も兼ねている。

「株主は、株主総会における議決権以外にも重要な権利をもっているんだ。配当を受け取る権利だよ」

「配当か。これはわかるわ。儲かったときの分け前、つまり利益の分配ね」

実は、私たちのサンドウィッチ屋が発行する株券にも利益の分配権がついている。株券を購入したメンバーは、儲けの一部を受け取れる。

だけど、儲けのすべてを受け取れるわけではない。あくまでも一部。文化祭に出店する目的が、サークルの活動資金を集めるためだから、すべてを分配してしまっては意味がない。

これは税金みたいなものかな。

会社の健康診断―コーポレート・ガバナンス―

会社の配当金は、利益のなかから支払われる。会社は決算をして、財務諸表上の利益を計算する。**財務諸表**というのは、**貸借対照表**や**損益計算書**などのことで、会社が決算になると、関係する人たちに会社の状況を報告するために作成する。会社の定期健康診断のようなもの。

健康診断には、血液検査やレントゲン検査、身長、体重などのいろいろな検査があるように、会社の健康診断もいくつかの種類の帳簿をつける。

健康診断には医師や看護師のような専門知識が必要とされる。会社の健康診断も、簿記論や会計学、あるいは財務諸表論などを勉強し、財務諸表分析や経営分析をすることになる。健康か否かを知るための指標を1つあげるとすれば、儲かっているかどうかを示す利益の情報ね。

報告する相手は、主として株主。もちろん、銀行や税務署などにも報告する。でも、株主への報告は、これから株主になる人まで含まれるので、基本的にはすべての人に情報公開しなくてはいけない。株式会社というのは、そうした意味で社会の公器なんだ。

この利益は**当期純利益**と呼ばれる。当期純利益は、法人税を控除したあとの最終的な利益のこと。これが株主に配当として分配される原資となる。

法人税率が40%であれば、60%分の利益処分案を考えることになる。私たちのサークルでは、この税金に当たる部分が50%。つまり、儲けの半分がサークルの活動資金として上納される仕組み。株主とサークルが半分ずつ利益を分け合う約束になっているわけ。

なかなかうまく考えたものよね。儲けのすべてがサークルの活動資金になるとしたら、「文

損益計算書

（単位：百万円）

売上高	1,500
売上原価 売上総利益（売上高－売上原価） 販売費及び一般管理費	1,000 500 400
営業利益（売上総利益－販管費）	100
営業外収益 営業外費用	5 15
経常利益（営業利益＋（営業外収益－営業外費用））	90
特別利益 特別損失	7 5
税引前当期純利益 （経常利益＋（特別利益－特別損失））	92
法人税、住民税および事業税	32
当期純利益 （税引前当期純利益－法人税、住民税および事業税）	60
前期繰越利益 当期未処分利益	140 200

化祭なんかやってられない」という人が出てくるに違いない。一生懸命サンドウィッチを販売しても、自分のものにならないから。それに出資する人もいないよね。配当があるから出資するんだ。

サークル活動に情熱をもっている先輩たちはともかく、私たち1年生は、まだ右も左も理解していない。いつサークルをやめようかと考えている人もいる。実際の株式会社でも、すべてを税金にしたらどうなるかしら。間違いなく、株主になる人はいない。利益を出しても意味がないと考えるから、一生懸命に働く仕組みは考えない。

そうか、これが社会主義経済の問題点なんだ。


「利益の計算方法は知ってるよね」

「それは大丈夫。ファイマネで勉強したからね。言ってみようか」私は自信満々。

「自信ありげだね。説明したいんでしょう。聞くだけじゃつまらないしね」有美子が言うとおり、説明したくて仕方なかった。

「説明したいわけじゃないけど。一応、説明するわよ」

「いいよ。面倒だから」

弘樹にそう言われて、説明の機会がなくなってしまった。でも、せっかく覚えていたから説明したかったのに…！　せっかく、覚えているから。私は頭のなかで思い出してみた。

「売上」から「売上原価」を引いて「売上総利益」、いわゆる粗利（あらり）を出す。売価と仕入値の差額にあたる部分。

ここから、売るためにかかったコスト、つまり、「販売費及び一般管理費」を控除する。この「販売費及び一般管理費」は「販管費」と略して呼ばれることが多い。

「販管費」には、売上に関わった従業員の給与や広告費、水道光熱費、通信費、建物や備品の減価償却費（減価償却費の説明は少し難しいから、専門的に勉強しないとわからないけど、要するに1年以上の耐用年数をもつ資産がその年度内に収益を上げるため、使われ、価値を減らした部分）などを控除して、「営業利益」が計算される。

この「営業利益」から借金の利息の支払いや貸付金の利息収入などを加減して、「経常利益」を出す。「経常」（けいつね）と称される利益のこと。

そして、ここから災害や盗難、その他、いつもの営業活動ではない取引で発生した「特別損益」を加減して、税引前の「当期純利益」が計算される。

ここから税金を控除したものが最終的な「当期純利益」。よかった。ちゃんと覚えてた。利益の分け前は、ＳＰＦに参加して、試行錯誤するなかで決められた。株主に配当がなければ、出資する意欲が削がれる。

また、所有と経営が分離していない。つまり、1年生は株主であり、経営者（＝取締役）であり、そして従業員でもあるため、一生懸命に働けば利益を稼げる。働く動機がサークルの資金だけでは意欲も半減だけど、自分の利益にもなるんだったら、少しは頑張るよね。株券をたくさん購入した株主は、経営をチェックしたくなる。

経営学は、利益を獲得するための学問でもある。企業の経済的な目的は株主の富の最大化。つまり、出資した株主の利益を最大化すること。

だけど、企業経営の目的は利益とは限らない。非営利組織も企業の一種。NPO法人は、非営利組織の法人。

法人とは、私たち自然人に対して、法律上の人格を与えたために法人という。NPOは、利益の追求はしない。でも、組織を維持できなければNPO法人は消滅してしまう。

NPO法人が組織を維持するためには、目的達成に必要な労働力や機械などを確保しなくてはいけない。そのためにはお金が必要。

お金を調達して、これで必要な資源を購入し、目的を遂行し、その成果でお金を確保し、再び資源を購入する。この循環が維持できなければ組織は消滅する。

NPOのように、お金を出す人が利益を求めなくても、働いた人への給与や使用する機器備品にはお金が必要。このお金がうまくまわれば組織は維持できる。

営利組織は、お金を出す人が利益を要求するから、利益がなければお金は集まらない。

こうした経済的目的に対して、企業経営者の個人的な目的もある。企業の経営者は、自分のやりたい仕事を目的とすることがある。仕事が道楽である人は意外と多い。その仕事が社会貢献になれば、なお、すばらしい。

でも、所有と経営が分離していれば、経営者や生産者は、自分の好きな仕事をするわけにはいかない。社会貢献をしたくても、出資者の利益を損なうわけにはいかない。利害関係者が多数になることで、経営者の仕事は複雑化する。それぞれが自分の目的をもっているから。

「配当に関しては、先輩たちのチェックが厳しいそうよ」有美子が言った。

「そうらしいね。お金を出すんだから、口も出すってことだろう。本当の株式会社でも、最近はファンドとかの機関投資家が意見を出すというからね」

弘樹が大人びた口調で答えた。**ファンド**(12)って何だったっけ。**機関投資家**(13)も聞いたことはあるんだけど。あとで質問しよう。私は話の腰を折らないようにしなくてはいけない。授業中だって、たくさん質問したいことはあるけど、遠慮しているんだ。授業がスムーズに進むように。

「この辺りに関しては、経営学上の問題にもなっているんだよ。経営者は株主である必要がないため、株主と経営者の利害が衝突するわけ」

「どんな利害対立なの？」

「経営者は株主の代理人として仕事を委託されたわけだけど、実際に会社のお金を動かせるじゃない。株主の利益じゃなくて、自分の好きなものを買ったり、自分の給与を増やしたり」

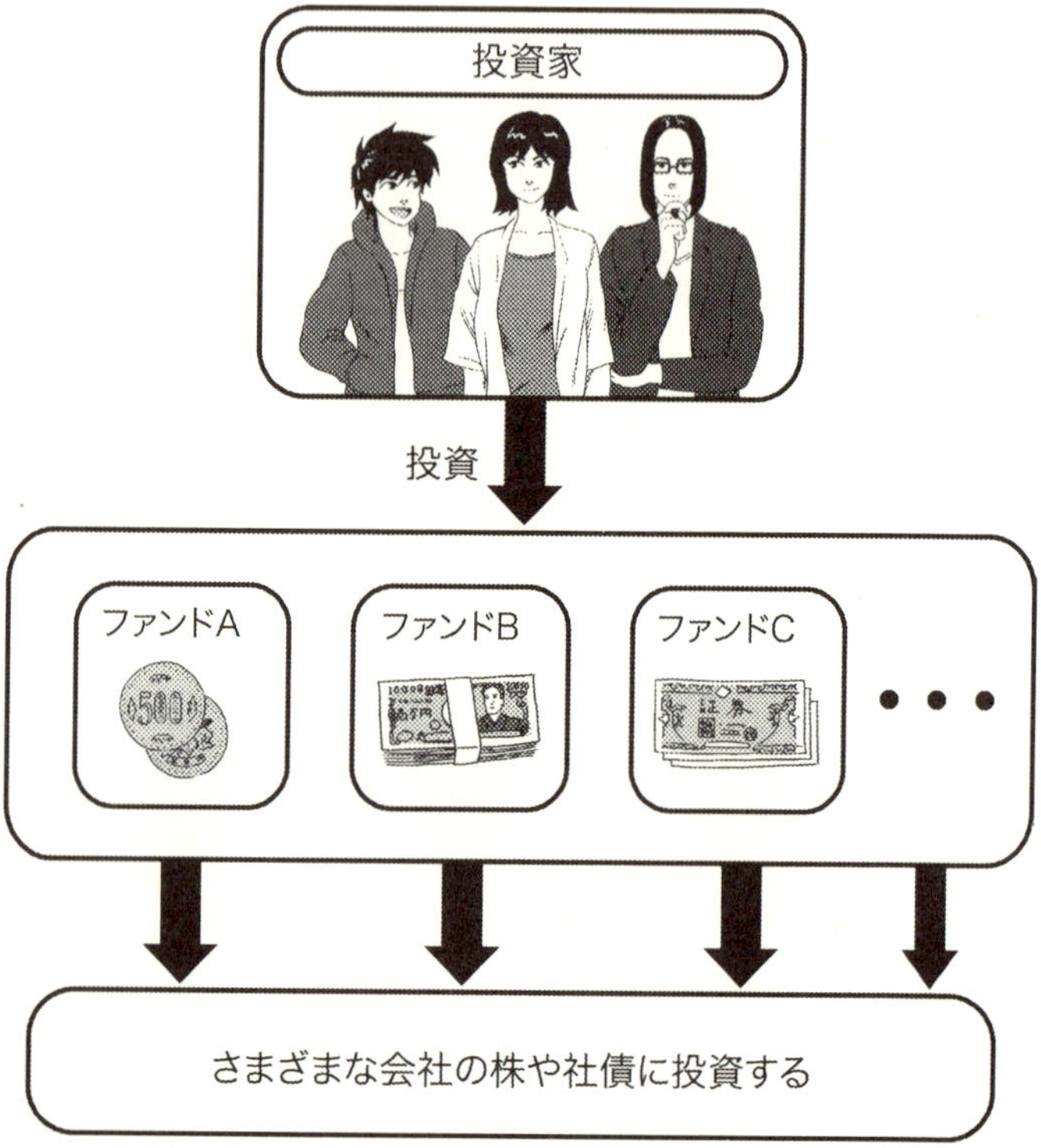

（12） ファンドとは、資金、特に資産運用のための資金を指す。一般に、投資家から委託された資金運用の金融商品を指す。
（13） 投資家から委託されたファンドの運用を代行する専門的な運用機関。

「なるほど。ありそうね」

「高級自動車で送り迎えさせたり、社長室に豪華な調度品をそろえたり」

「よくわかる」

「そうなると、株主は、経営者を監視し、経営者が株主のために経営能力を発揮するように仕向けなくてはいけない。コポガバの問題だよ。コポガバは、こうした経営の仕組み、経営機構を問題にしているんだ」

「なるほど。コポガバって、そういう内容の授業なのね」

「そう。株主総会や取締役などは会社法によって定められているから、経営学はこうした法律関係の知識も必要になる。企業形態論や企業論などでは会社法を知らずには話にならないだろう」

私は弘樹の話を聞きながら、法学部の教授と経営学部の教授は、こうした問題をめぐって論争するのかしら、と考えていた。

儲からない会社は価値がない！ ―株式会社の価値―

「株式会社の価値というのは、株主がもつ株券の価値なんだ」

弘樹が説明を続けた。

「株券が会社の価値なの。会社がもっている土地や建物の価値は？　会社のもっている機械やコンピュータはどうなの？」私の疑問は膨れ上がった。

「ファイマネの授業を受けたんだろ。テストできたの？」

有美子に突っ込まれた。

「そんなこと言っても、たぶんできたと思うんだけど？」

私は自信を失った。前期のテストの成績は、数日で自宅に届くはず。心配になってきた。

「簡単に説明すれば、グリーンピアよ。少し前だけど、ニュースなんかで取り上げられていたじゃない。思い出してみて。年金の資金を使って建てた保養施設よ。豪華なホテルのような建物。赤字が続いて、売却するときには、二束三文。どうしてだと思う？」

有美子が私に質問してきた。

「儲からないからかな？」

「そう。儲からなければ、配当できないでしょ。赤字が続けば、いつもお金を集め続けなくてはいけないけど、誰が出す？　儲からないから、お金は戻ってこないでしょ。だから、お金も集まらない」お金が戻って来なければお金を出す人はいない。これは当然。

「ファイマネでは山奥の高級レストランだったね。豪華絢爛な建物を建ててレストランを開業しても、お客が狸や狐しか来なければ売上げにならない。儲からないレストランは、いくらお金をかけても価値がないんだ。もちろん、他に利用可能な建物であれば売却する価値はあるけどね」弘樹が補足説明をした。

「なるほど。お金をどんなに使っても、儲からない会社は価値がないということね」

「そう。建物や機械設備をどんなにもっていても、儲からなければ意味がないのよ」お金を稼がないマンションや工場は最悪だもんね。これも納得。

「だから、株券を評価することになるんだ。株券は配当を受け取る権利だからね。どのくらい儲かる会社かを考えるわけさ」弘樹は早く先に進みたそう。

「そうよ。会社は仕事を目的としているけど、仕事の価値は儲けの大きさで決まってしまうのが私たちの社会なの」

そうか。儲けで価値が決まるんだ。何ともやるせない気持ち。経営理念が立派でも儲けることができないようじゃね。

「利益を稼げない会社はなくなっちゃうんだね」

「そうだよ。でも、NPOとかあるだろ。利益が出なくても重要な仕事はあるから、そうした仕事は株式会社以外の企業形態をとるんだ。政府だって、利益の出ない重要な仕事をするのが役割なんだぜ。利益が出るような仕事は民営化しろって言うじゃない」

利益を出すというのは、会社が存続する条件。利益を出せなければ取引先企業に支払う代金や給与、借金の利息、それに配当も支払えなくなる。赤字になれば、どこかにしわ寄せが行く。その結果、会社が維持できなくなる。社会にとって必要な仕事だったら利益を稼げたんだもんね。それでも、公園や道路なんかは、利益を得る活動じゃない。大事な仕事は利益がなくても誰かがやらなければなくちゃいけないんだ。だから、社会が負担するんだよね。そういう大事な仕事を維持するために。

「そうね。何となく理解できるわ。ところで、株券の価値はどうやって決まるわけ」

「株価だね。結構難しいな。ちゃんと説明できるか自信がないけど、俺の理解している範囲でいい?」

「もちろん。理解していないところを教えることなんてできないでしょ」私が強気でじゃべるところじゃないけど、そんな流れになってしまった。

「俺らのサンドウィッチ屋の場合、株券は1株500円で購入してもらうじゃない。これも株価なんだ。ただし、発行時の株価」

「うん。発行時って?」

「発行時は、発行時さ。会社が株式を発行して、株主が現金と引き換えに株を購入するとき」

「ふ〜ん」

「サンドウィッチ屋は、500円の現金を材料なんかに使っちゃうでしょ。だから、500円はいくらかの現金を残しているとしても、現金以外のモノや給料などの費用に使っちゃうわけ」

「なるほど。500円を出した人は株券をもらうけど、500円というお金は会社のなかにもなくなっているのね」

株主の出資したお金は製品やサービスのために支出されてしまう。株式を発行して100億円を集めても、そのお金は工場や機械設備、そして原材料や従業員の給与になってなくなってしまう。商品を生産して、販売しても工場や機械設備に支払った現金はすぐには回収できない。時間をかけて利益を稼ぎ、少しずつ回収するわけ。

「そうそう。だから、株券の価格は、会社がもっている現金とは関係なくなってるわけだよ」

「何と関係するんだっけ？」

「つまり、株式を所有することでついてくる権利を評価するものなんだ。その権利は経営に参加する権利、つまり株主総会における議決権と、利益分配権だよね。会社が倒産しちゃったときなんかに残余財産があれば、これを分配してもらうって言う権利もあるけどね。普通は倒産したら財産なんてないから、500円というのは、議決権と利益分配権の2つの権利の価格だね」

「その権利の価値はどうなっているの？」

「経営に参加するのは、結局のところ、株主が自分の利益を増やしたいと思っているから参加するんだよね。配当を増やすためには、いまの経営じゃ駄目だとか、こうした方がいいんじゃないか、とかの意見を表明するため。だから、結局は利益の分配権を評価すると考えればいいわけだ」

　会社を支配して、いろいろなことを自分で決めたいといっても、利益を出せなくなったら仕方ない。利益が出ないでつぶれてしまうような会社を経営したいとは思わないだろうな。経営する以上は、利益を稼いで、社会に貢献したいと思うかも。だから、結局は配当を稼げる会社ということなんだ。

「つまり、配当を評価すればいいということね」

「そうだね。株価は配当の評価なんだ。８００円の配当をもらえることがわかっているときに、５００円で株券を売る人はいないじゃない。３００円しか配当がもらえないという株券の価値は３００円に下がる。当然だよね」

「すっごく簡単じゃない」

「うん。でもね。配当っていっても、去年の配当じゃ意味がないじゃない。将来の配当を予測するから、時間価値だの不確実性などの問題が出て来るんだよ。ファイマネでやったじゃない。シグマの記号を使ったりしてさ」

「あ〜、あれか。やったやった。私、数式苦手だから、数式が出ると思考がストップしちゃうんだ。あれは難しかったわ」

「もう一度復習するけど、企業は５００円のお金をもらって、代わりに株券を発行する。企業が受け取った500円は、サンドウィッチの材料やその他のサンドウィッチ屋に必要な物に変わるわけだ。給与として支払われる部分もあるよね。前に言ったように、借金じゃないから、返済しないで構わない。利益を上げればいいんだよね」

「その利益を配当としてもらえばOKね」

「でも、配当として受け取る場合、出資したお金はすぐには戻らないだろ。文化祭なら3日で回収できる予定だけど、普通の会社は継続したビジネス。集めた100万円は、将来にわたって回収される。100万円で株券を購入した人が、3日で100万円以上を配当で回収することはできないよね」

「それはそうね。そんなに美味しい話はないよね」

「投資に対する利益率が10％なんていうじゃない。あれは1年を基準としているのよ。だから、100万円は、10万円の利益を生むのに1年かかるということね」有美子は利益率の意味を知っているんだ。すごい。

「つまり、利益率が10％のとき100万円を回収するのに、配当金では10年かかるということね」

「そうだよ。これじゃ困らないかい？」

「困るかもしれない。10年も貯金しっぱなしっていうのと同じだよね。おろせない貯金じゃ最悪だね。定期預金みたいだけど、定期預金も解約できるし」

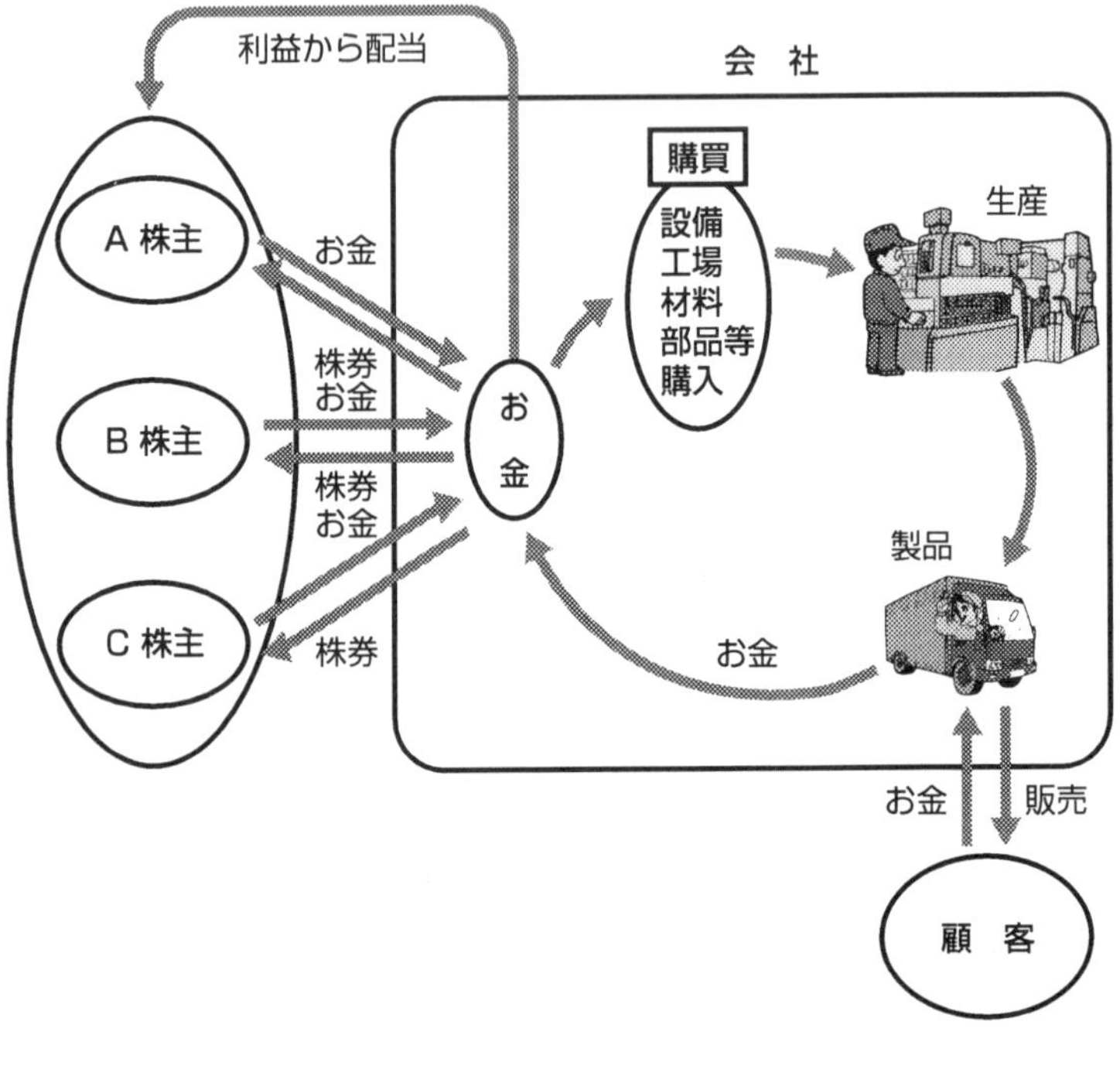
利益から配当
会　社
A 株主
B 株主
C 株主
お金
株券
お金
株券
お金
株券
お
金
購買
設備
工場
材料
部品等
購入
生産
製品
お金
お金
販売
顧　客

「そうそう。だから、株式会社は、出資したお金がいつでも回収できるように株券を発行しているんだ」

「どういうこと？」定期預金と株券って関係しているのかな？

「つまり、会社が発行した株券は５００円だったでしょ。この株券を会社に返してお金を回収するのではなく、第三者に売るんだよ」

「なるほど。私が会社から買った株券を弘樹に売るわけだ。弘樹は有美子に売ってもいいんだね」

「うん。最初に会社が発行した株式の市場を発行市場っていうんだけど、教子が、俺や有美子に売る市場は流通市場っていうんだ」

「発行市場？　さっきの発行時の株というのと関係あるわよね」

株式を発行して、株主が出資し、会社にお金が入る市場が発行市場だった。流通市場は、すでに発行済みの株券が、企業とは直接関係なく、転売されていく市場のこと。

「もちろん。企業が株式を発行するから、企業にお金が入るわけだろ。いったん発行した株は、いろいろな投資家の手に渡るけど、会社にはお金が入らない」

「あまり聞かない名前だね。発行市場も流通市場も聞かないよね。有美子」

「そうね。でも、東京証券取引所っていうのは聞くでしょ。あれよ。代表的な市場は」

「東京証券取引所などの**証券取引所**で売買する株は、上場企業の株式なんだ」

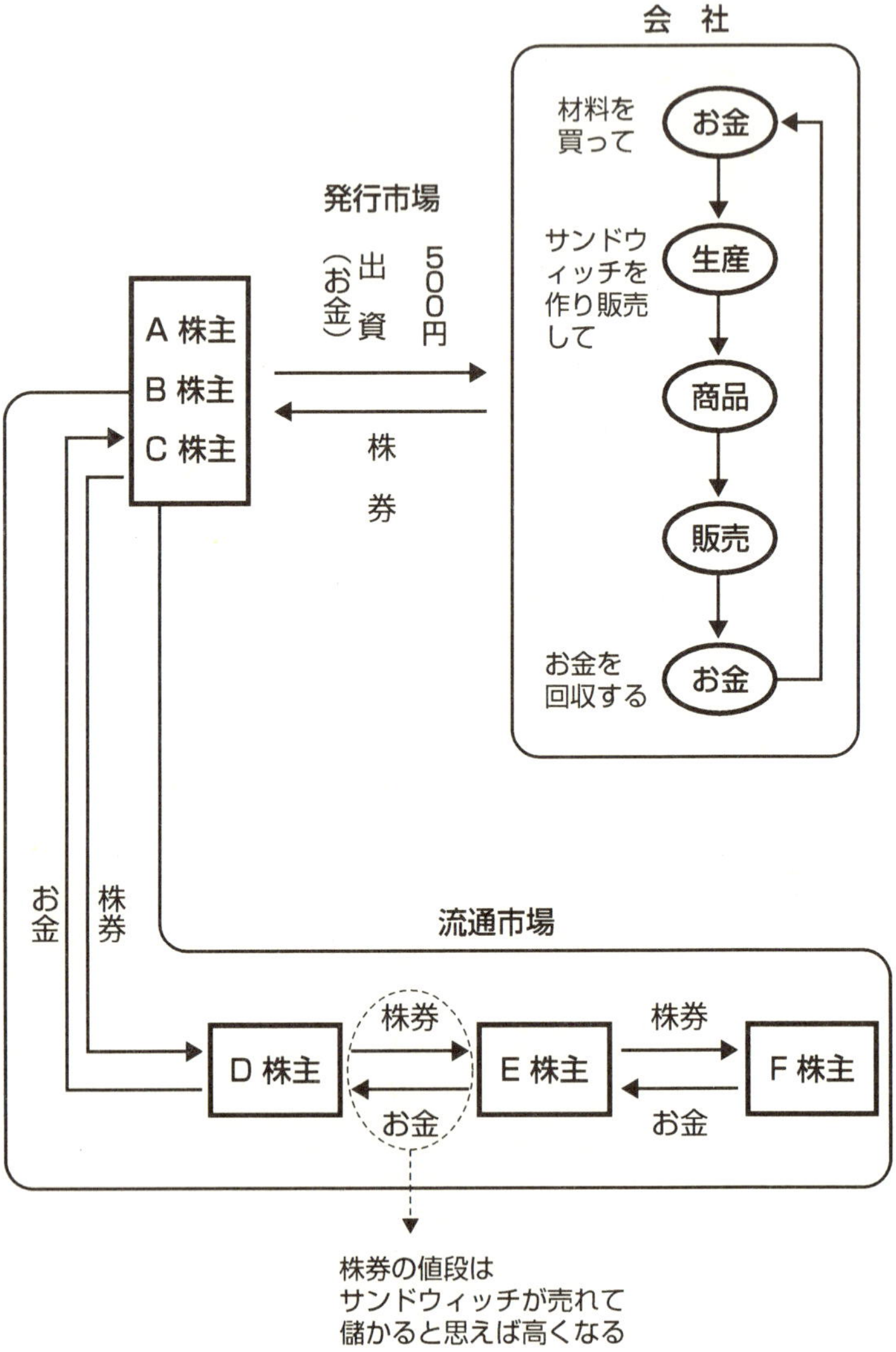
会　社
材料を
買って
お金
発行市場
サンドウィッチを
作り販売
して
生産
出資（お金）500円
A 株主
B 株主
C 株主
商品
株券
販売
お金を
回収する
お金
お金
株券
流通市場
株券
D 株主
お金
E 株主
株券
F 株主
お金
株券の値段は
サンドウィッチが売れて
儲かると思えば高くなる

「あっ、上場企業ってそういうことか」

「そうだよ。株式が証券取引所で売り買いできる、そういう株を発行している会社が上場企業だよ」

「一流企業のことを上場企業っていうんだと思ってた」私は疑問と感じたこともなかったけど、上場企業の意味を初めて知った。発行した株券を売り買いできる市場をもっている企業、これが上場企業なんだ。

「ま、そうだね。上場企業は一流企業と考えてもいいかな」

上場していない会社でもサントリーのような一流企業があったな。不特定多数の人から資金を調達しなくてもよければ上場する必要はないんだ。

「でも、イコールではないよね。倒産する会社も上場しているし。それに、一部上場とか二部上場とか、あるいはマザーズなんていう**新興市場**もあるのよ。だから会社の大きさもまちまちなのよ[14]」

「証券取引所に上場していないと、株式を所有していても簡単には売却できないだろ」

「どうして?」

「教子が株をもっているとするだろ。たとえば、サンドウィッチ屋の株をもっていて、文化祭が終わるまでの途中でこの株券を売却したくなったらどうする?」

「どうするって言われても。文化祭では売買禁止でしょ」

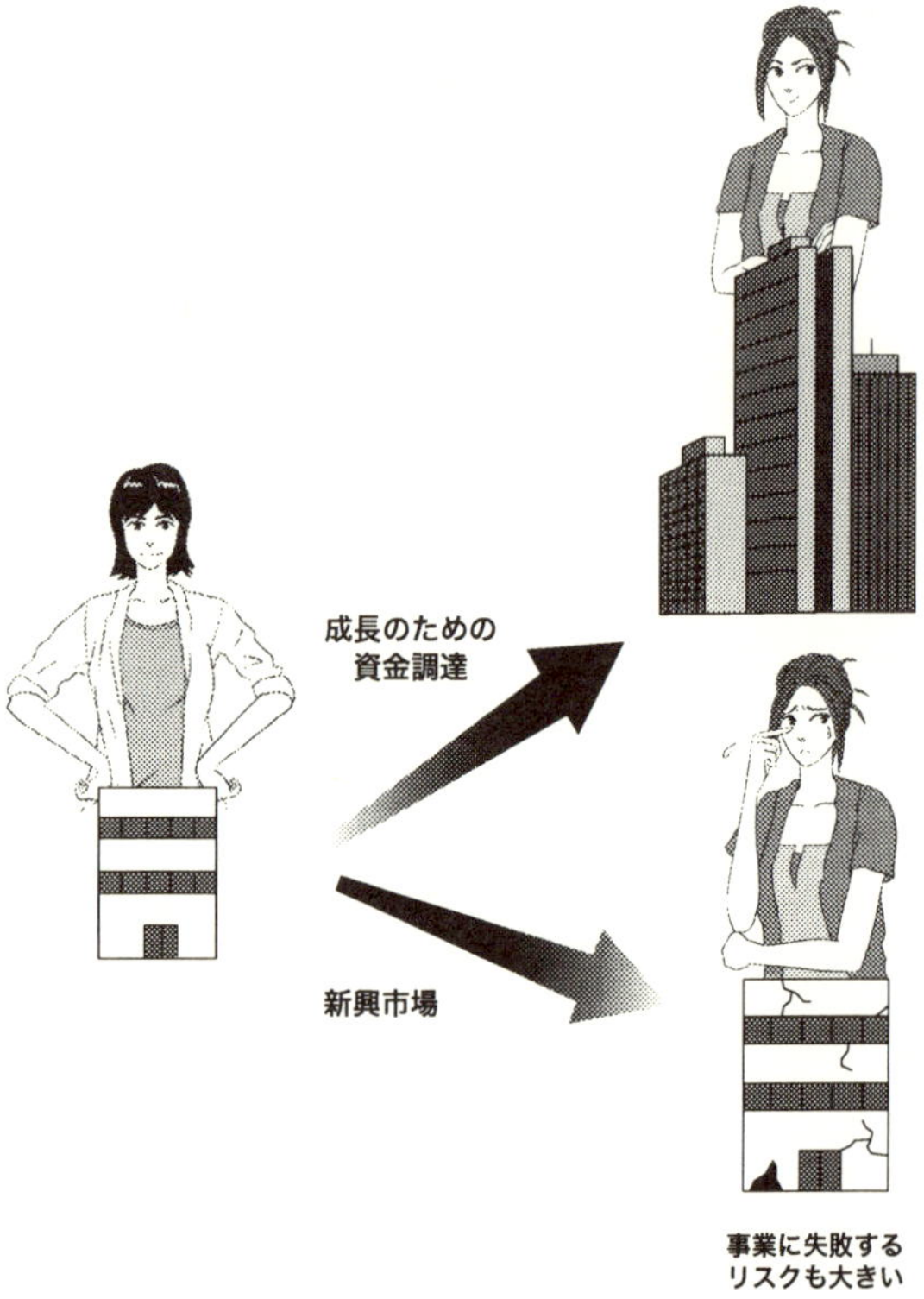

(14) 新興市場は、新しいビジネスを成長させるための市場だ。新しいビジネスは、どれだけ売れるか、いくら儲かるのかがわからない。そのため、銀行からの借入のように、決められた元本と利息を返済しなければならない資金では実行できない。ビジネスにつきもののリスクのある計画を実行するためには、株主による出資が必要になる。そうしたリスクの高いビジネスに出資する市場が新興市場だ。新興市場が発展すれば起業が増え、新しいビジネスの成長可能性が高まる。

「それはSPFのルールだろ。現実の話だよ。サンドウィッチ屋じゃなくて、パナソニックの株をもっているとするよね。上場廃止になったら、どうやって売る？」

「そういうことね。それなら、パナソニックの株を買いたい人をインターネットで募集して、一番高い値段をつけてくれた人に売るわ」

私としては上出来の回答だ。弘樹は、ちょっと困ったような表情をしたけど、

「すごくいい案だ。でも、昔はインターネットもなかったからね。買いたいと思っている人を探すのは大変だったわけ。いまでも、パナソニックの株だから、何となくみんなが買いそうな感じだけど、よくわからない会社の株なんかは、なかなか売れないぜ。とくに、上場廃止というのは、上場に値しないと判断されたんだから、そんな株はインターネットでも買うのは怖い」

「要するに、証券取引所がないと、売りたいときに売れないし、買いたいときに買えないわけ。売りたい相手や買いたい相手を探すのが大変だし、売買価格を交渉するのも手間でしょ」

有美子がフォローした。

私が買った株を売りたくなっても、私の希望する値段で買ってくれる人を探すのは不可能よね。インターネットだって、株券の売買はできそうもないな。普通の商品と違って、偽者かどうかの判断も難しいし。証券市場にはいろいろなルールがありそうだしね。

「そうね。売買が大変な会社の株は買いたくないわ」

「そうだろ。株式会社にとっては、証券取引所で売買できるからこそ、多くの投資家から資金を集めることができるんだ。売買のルールもしっかりしているから、安心なんだ。インターネットで、まったく知らない人と売買するのは不安でしょ。金額が大きいとなおさらでしょ。きちんとしたルールで、取引する人や取引する株がしっかりしていれば、安心して売買できるわけよ。銀行預金のように預けるのもおろすのも簡単だからね」

「株式会社の仕組みはすごいんだね」私は素直に驚いた。

「証券市場があって、そこで多くの投資家が売り買いすることで株価が決まるわけ。需要と供給でね」

なかなかよく勉強した。頭のなかを整理しておこう。

上場企業とは、証券取引所で会社の発行した株式を売買できる企業のこと。株券の譲渡が制限されていると、株主は一度出資したら、その金額を回収するのに時間がかかる。

たとえば、１００万円を出資して、投資に対して利益率が10%であれば、毎年の利益は10万円、だから、10年経たなければ元のお金を回収できない。10年以上も先のことを考えるのは難しい。私は義務教育を終えてから3年と半年しか生きていないのに、10年とは長すぎる。

これでは出資する株主は集まらない。企業の環境も変化するだろう。相当余裕のある人しか株券を購入できない。

だけど、証券取引所があれば、購入した株式をいつでも売却して現金に変えることができる。必要なときに現金を回収できるのであれば、株券を購入しやすい。株券を購入する人が増え、企業に資金が集まることになる。上場するということはそういうことなんだ。株式会社って東インド会社が最初だったっけ？

私たちの株券はＳＰＦの期間のみだから、３日間しか株券の形にならない。それほど長い間ではないので、株券を取引する市場は作らなくても良いわけ。もっとも、そうした取引は学内では禁止されているからできないけど。

「もう1つ、重要な仕掛けがあってね。**全社員有限責任制**という特徴」

「全社員？　有限責任？」

「全社員っていうのは、さっきやったじゃない。出資者のことだよ。株式会社では株主だね。会社の株主は全員が有限責任ということ。つまり、無限責任ではないということが重要なんだ」

「無限責任ってなによ」私は、株式会社についてわかったような気になったのに、新しい言葉が出てきて不機嫌になった。また謎を解かねばならないのが面倒だった。

「簡単なことだよ。借金すると、その借金を全額返済しないと駄目だろ。俺が教子に10万円を借りたら、お金がないから7万円に負けてくれと頼んでも無理でしょ」

「無理ということはないわ。事情によるわよ。でも、相当の理由は必要ね」

借りたお金を返してもらえない世界は、誰もお金を貸さなくなる世界よね。最初から返さないだろうと思ったら、特別の関係でもなければお金は貸さないね。

「一般的には、借金を踏み倒すのは大変だよね。でも、株式会社は、会社が利益を稼げなくなって、借金を返せなくなると倒産するでしょ。倒産したら、お金を貸した人は誰のところに取り立てにいくと思う？」

「う〜ん。会社の社長かな？」

「社長は株主に雇われた身でしょ。お金なんかもっていないんだ」

「それじゃあ株主のところに取り立て？」

「株主と経営者が一体のような小さな会社だと、そういうことがあるかもしれないね。でも、不特定多数の株主が出資してできた会社の場合、事実上は取り立てができないわけ」

「え〜、それじゃあ、お金を貸した人は泣き寝入りするの？」

「そう。これが有限責任の意味なんだ」

「どうして？」これはひどい。お金を貸しても泣き寝入りしろっていうんだ。そんな社会の仕組みってあるの？

「出資したお金が100万円だとするでしょ。借りたお金が1億円でも2億円でも、会社が倒産したときには、株主は自分が出資した100万円のみの責任ということ。無限責任だったら、借りた1億円は返さなくてはいけない」

「そういうことか。でも、やっぱり、諦めろってことね」これじゃあ、貸せない。

「無限責任だったら、怖くて株を買えないでしょ。経営者を見張っていないと、どこでどんな借金をするかわからないし」

「有限責任でないと、株式の自由な売買はできないね」

お金を貸す人の犠牲も必要になるんだ。そうでないと、株式を買う人はいない。株を買う人がいないと、株式会社には多くの資金が集まらないということになる。

やっぱり説明してもらってよかった。株式会社についてはかなり理解できるようになった。


「話を株価に戻してもいいかな?」

「ごめん。どうぞ」

「毎日の日経平均とかトピックスとかって聞くでしょ」

「うん。テレビのニュースでは必ずといっていいよね」

「あれは、流通市場の価格なんだ。上場している会社の」

「ふ〜ん」

「平均だから、個別企業の上がり下がりとは直接は関係ないけど、平均が下がれば、全体的な株価の下げを意味するよね」

「うん。でも、会社のお金には関係ないんだよね。さっきの話だと、５００円は会社に入っていくけど、その後で私と有美子や弘樹の間でいくら売買しても会社にはお金が入らないし」

「そうだよ。会社にお金が入るのは発行市場のみだから、会社が増資をしたときだね」

「それじゃ、株価が下がっても関係ないんじゃない？」

「ところが、そうともいえないんだ。株価は利益が稼げないということを予想するだろ。利益を稼げない経営者って必要かな。利益が稼げなくなる会社に就職したい？　利益が稼げなくなる会社に銀行はお金を貸すと思う？」

弘樹の問いかけは私の理解度を高めるのに十分だった。

「そうか。株価が上昇しないと、経営者は株主から辞めさせられるかもしれないわけね。しかも、優秀な人材も集まらなくなるし、銀行がお金を貸してくれなければ、新しい事業も運営できないもんね」

「物わかりがいいね」

なんだか弘樹は先生気どりになってる。でも、予備校の先生くらいはできそう。

「わっ、大変だ。もうこんな時間だ」

あっという間に2時間が過ぎていた。でも、私にとっては1年分の講義に匹敵する内容だと思った。どうして教授の授業より、弘樹や有美子の話の方が理解できるんだろう。顔を突き合わせて聞けるから？　それとも友達だから？　私は弘樹の話で理解できたけど、弘樹は大学の授業で理解したのかな？

「肝心なことを決めとこう」

「そうね。株式を発行していくら集めるか。これが肝心よね」

「でも、1株500円で36名分、最低18000円、4年生が1000円出してくれれば、21000円を集めるんじゃなかったの？」私が確認した。

「それはそうなんだけど。だけど、集めるお金は、何をするのかという目的との関係で決めなきゃ駄目でしょ。使い道のないお金を集めても仕方ないし、お金の目途がつかない計画を立てても仕方ない。資金調達っていうのは、何をやるかによって決まるわけだよ」

「サンドウィッチ屋じゃないの？」

私たちはサンドウィッチ屋をすることに決めていた。プロジェクトの大枠が決まっていることになる。投資計画と言い換えてもいい。投資計画は資金調達と表裏一体の関係にあるわけ。

「そうだよね。でも本当にいくらかかるかを検討してないでしょ」

「そういえばそうね。ちゃんと計算してみよっか」

3人で東武デパートの地下食品街に行って調査することにした。どのようなサンドウィッチを作るか決まっていないから、大体の目安を得るために。

地下の食料品売り場には学生は不似合い。売り場には、おばさんが忙しそうに買い物をしている。ビジネスパーソンらしい人たちは見えなかった。まだ5時をちょっと過ぎた時間。だから、会社は終わってないんだろうな。

サンドウィッチ用のパンは1斤230円で売っていた。これで3人前。ハムは6枚入っているのが200円、これに卵が1ケース10個入りで240円、キュウリ1本58円、レタスは200円、タマネギ3個で198円、アボガドが1個200円だった。材料として何を使うかは決めていないけど、おおよその目安にはなる。これにマヨネーズ399円、マスタード165円、バター1箱714円、塩コショウ350円が必要。

営業時には、1人前のサンドウィッチの原価を計算しておかなくてはいけない。販売するだけ損失を出すようではどうしようもない。だけどいまは、とりあえず、事前に必要な資金を準備しなくてはいけない。パンはとりあえず5斤、ハムは6枚入りを5つ、卵2ケース、キュウリ15本、レタス3個、タマネギ6個、アボガド5個、マヨネーズやマスタード、バター、塩コショウは1つずつ用意する。これで7124円だ。

しかし、調理をするとなると、ガスコンロや電子レンジなどが必要。これはレンタル料金が結構かかる。インターネットで調べてみると、ガスボンベは2100円、コンロは2700円のレンタル料金。

鍋などは、家から拝借してくるとしても、卵を茹でるだけにコストをかけても仕方がない。卵を入れるのはやめた方が良いよね。そうなると、6644円で済む。これに紙ナプキンや紙皿、お手拭を入れても、10000円あれば充分。

4年生からも1000円を徴収する必要はない。全員300円を出資してもらい10800円を集めるということでどうかしら。そうすれば、プロジェクトの投資計画と資金調達が表裏一体になる。

文化祭は3日間だから、最低3日間で回収しなくてはいけない。

そんなことを考えていたけど、万一足りなくなったら大変だ。新たに出資を募るのは不可能に近い。なぜならSPFには2年生はともかくも3年生や4年生は参加していない。先輩たちに連絡するにしても、せいぜい2〜3名しかつかまらないよね。

だから、いつものように資金を確保しておかなくっちゃ。この判断は正しかった。安全性を考える必要がある。

財務上の安全性は、収益性と表裏一体。少ない資金でたくさんの儲けを上げることができれば収益性が高いといわれる。一般に資本利益率とか資産利益率と呼ばれるもののこと。だけど、余分の現金を保有していないと、何かのときに心配。事故で商品が破損してしまったり、販売した代金が回収できないなどの事態はありうる。こうした状況で、現金がないと、水道光熱費や給与、借り入れたお金の利息が支払えないかもしれない。

支払いのできない企業は信用を落とし、銀行取引の停止ともなれば倒産しちゃう。そのため、企業は一定の現金・預金を保有しているわけ。資本利益率は下がっちゃうけど。

コラム

「新興市場」について　好美からの質問

「おはようございます。先生、少し時間ありますか？　質問があるんですけど」

「やぁ、おはよう。早いね。僕が答えられる内容だったら構わないよ」

「はい。多分、大丈夫だと思います」

「ん？　大丈夫かどうかは僕が決めるんだよ。ところで何ですか、質問は？」

「株式市場の新興市場について教えてください」

「新興市場か。ジャスダックや東証マザーズなどの市場ですね」

「はい。でも、新興ってなんですか？」

「新興の意味はわかるでしょ。新しく興ることだよね。株式市場では、ベンチャー企業などの新しい若い企業が上場する市場を新興市場っていうんだよ」

「古い市場もあるんですか？」

「古いというのは語弊があるけど、規模が大きくなった成熟した大企業が上場する代表的な市場は東証1部、正確には東京証券取引所第1部でしょうね」

「ジャスダックやマザーズにはどんな企業が上場しているんですか？」

「ジャスダックの歴史は結構古くて、いろいろな会社を育ててきたんだよ。日本証券業協会の店頭登録制度の創設に始まるんだ。ソフトバンクは知ってるよね。１９９４年に株式を店頭公開し、M&Aなどで成長して98年に東証１部に上場したんだ。楽天は99年９月にインターネットオークション事業楽天フリマを開設して、翌年の2000年4月にはジャスダックに登録（上場）したんだ。新興市場ですから、速やかに上場できなきゃ意味がないんだね。成長するための資金を調達しなくてはいけないから。インテリジェンスなんていう会社も知ってるでしょ。人材紹介や転職サイト、派遣事業などを行っている会社。この会社も、同じく2000年にジャスダックに上場して成長している」

「店頭登録ってなんですか？」

「証券会社の店頭で売買する銘柄なんだ。証券取引所には上場していないんだけど、証券会社が取引所の代わりを演じると考えればいいかな。以前は、ジャスダックが店頭登録だったけど、いまはジャスダック証券取引所になって、店頭登録の銘柄はなくなっているんだ」

「マザーズの方はどうですか？」

「好美たちが知っているところでは、株式会社ミクシィかな。ソーシャル・ネットワーキング・サービスの「mixi」を運営する会社だね。99年に有限会社として設立して、2004年に「mixi」の運営を開始、2006年マザーズへ上場したんだ。みんなちっぽけな会社だったんだね」

第8章　4Pの謎を解く──レストランが3種類のメニューをつくる理由

商品には差別化が必要！　──製品差別化──

今日は、サンドウィッチを販売するために詳細な検討をする重要な会議の日。この会議は、スタッフ組織だけではダメ。具体的なサンドウィッチの商品開発と価格などを決めなくてはいけない。各部門から1名くらいは来て欲しいとメール連絡をしておいた。だけど、接客係は誰も来なかった。

「ごめん。好美に連絡しようと思って忘れちゃった」

営業部門の枝理が申し訳なさそうに言った。

「仕方ないね。接客に関する問題が出たらあとで伝えておいてくれ」

生産部門の翔太は、癖になったあご鬚をさすりながら言った。

「それで、今日はどこから決めていくんだよ。何を話し合ったら良いわけ？」

健介は仕入れの部門。仕入れからは真也も参加した。

「まずどんなサンドウィッチにするかを検討しましょう。これを決めておかないと、材料の調達も困るし、価格も決められないでしょ」

「そう言う教子は、何かアイデアをもってる？　それとも、何もなし？」

有美子が話し終わる前に弘樹が言った。

「どこにでもあるようなサンドウィッチじゃつまらないよな」

「弘樹はアイデアあるのね」

「特にはないけど、ハムとたまごやサラダなんかじゃ売れないぜ」

「俺は、サンドなんか喰わねーからな。よくわかんないな」

真也が割り込んできた。

「そうね。普段サンドウィッチって食べないよね」

「それじゃあ、振り出しに戻っちゃうよ。とにかく、どんな種類のサンドウィッチがあるか検索してみね～か」

「そうね。コンピュータ室で検索してくるわ。10分くらい待ってて」

そういうと有美子は、隣の8号館のコンピュータ室へ向かった。戻ってきたのは20分くらい経ってから。4階のコンピュータ室まで行くのに結構時間がかかるし、PCを立ち上げ、サンドウィッチを検索してプリントするのにも意外と時間がかかる。

「あったよ。でも、1500くらいある。とりあえず、100件くらいプリントしてきたけど」

有美子がハアハア言いながらプリントを机の上に置くと、みんなハイエナのようにプリントに手を伸ばした。

「これなんかうまそうだね」健介のお腹が鳴った。

「これも良いんじゃない」枝理の選んだのは、なかなか見事なサンドウィッチ。

「こんな凝ったやつは作れないよ。作り手のことも考えてくれよな」翔太は、自分の能力を理解しているみたい。

「価格のことも考えてね。材料費もかかるし」有美子はスタッフとしての自覚がある。

「価格かぁ」真也は仕入値を意識しだした。

「他にサンドウィッチを販売するサークルとかある？」枝理の発言は、競争相手を意識している。みんなの発言は、それぞれの部門からの疑問として当然だよね。役割を分担すれば、ものの見方も分担される。組織を作るということは、知識の分業なんだ。考える分野を分担することで、集中できるし、結果として多くの知識が蓄積できるわけ。

「ないけど、飲食店は多いわ。実行委員に提出されたものを見ると、ホットドッグもあるし、焼きそばとたこ焼きも出店されるみたい。サンドウィッチの直接的競争相手ではないけど、これは立派な競争相手よ。この辺りの価格とどう折り合いをつけるかが問題ね」

有美子の意見は当たってる。私も、他の出店で売られる値段を考えてみた。

「それだけじゃないよ。高すぎれば、外のコンビニで買っちゃうからね。何も、SPFで食べなくたって良いんだから」

弘樹の見方は私たちの視野を広げた。確かに、外部の人にとっては、高い値段で、しかも必ずしも美味しいとは限らない代物を食べる必要なんてない。家族やサークルの顧問の先生なんかが仕方なく飲食する程度だよね。学外との競争も考えなくてはいけない。

「そうか。価格と商品の質と製造原価の問題だね。作れなきゃしょうがないし、作れても売れなきゃしょうがない。売れるだけ売って、結局損してたっていうんじゃ、もっと困るわけだ」

真也は、仕入値以外の問題も考え始めたみたい。

「商品はある程度の差別化が必要だよね。SPFだからっていっても、何かがないと、コンビニのサンドの方が美味そうだし」

弘樹は、本当に経営者に向いている。私は、眉間にしわを寄せながら話す弘樹に感心していた。

「面倒だな。スタッフで考えてよ。お腹が空いてきた」

健介が、いつもの調子で言った。

「あなた仕入部門の代表者でしょ。責任ある発言してくれなきゃ」

枝理も、多少イライラしていたみたい。問題解決に時間がかかったり、困難な問題であるとき、会議が暗礁にのることがある。思考がストップしたり、他人の意見に腹を立てたり、いろいろなことが起こるんだろう。

「俺、代表者でも責任者でもないよ。真也が用事があるって言うから仕方なく来たんだから。そしたら真也は来てるし、俺、帰ろっかな」

「ごめん、用事が早く済んだんで、健介だけでは心配だから来ちゃった」

真也の発言で健介はさらにふてくされた。

「信用ねぇんだ」

「え？ あっ、そういう意味で言ったんじゃゃ。でも、そうとれるか。だけど、健介と俺は、仕入部門の責任者を決めてないぜ」

「それは私も同じよ。責任者は決めていないし、たまたま用事がなかったから。代表者って言ったのは、今日の打ち合わせに参加したからよ。翔太のところは責任者誰なの？」

「俺もそうだ。責任者は決めていない。新平かなぁ。俺より、うまくサンド作れるかも」

「責任者を決めていなかったんだね。まぁ今日のところは連絡係として参加して。でも、今日は意見もお願いします」

私は責任者を決めておかなくちゃいけないと思ったけど、すっかり忘れていた。

各部門の責任者が不在ということは、実際の企業であれば大問題。社長は、部門の責任者、通常は部長と呼ばれるような職位の人に命令し、部長は課長へ、そして課長は係長へと命令が組織全体へと浸透していく。

反対に、組織の現場にいる一番下の層の人たちの活動は、係長や課長を通じて部長に報告され、問題点や改善点、新たな提案などが上層部に伝達され、社長を含む意思決定のための情報となっていく。

「そうすると、まずは価格設定かな」真也は、健介とのやりとりを早いうちに切り上げたかったのか、本題に戻そうとした。

「文化祭ではあまり高い価格設定は難しいよね」有美子は確認するように言った。

真也がうなずきながら、「そうだね。来場者は、高校生や大学生、それに近所のおばちゃんや子供だ」

「高級レストランで食べるということではないからね。むしろ、お祭りの屋台だな」翔太は、発言のたびにあご髭をさする。これは完全に癖になっている。

「焼きそばが300円だったら、サンドウィッチも300円という感じなのかな」健介も真剣な顔つきだ。

「必ずしも、そうでもないいんじゃないかな。ハムサンドや玉子サンドなんかでなくて、ちょ

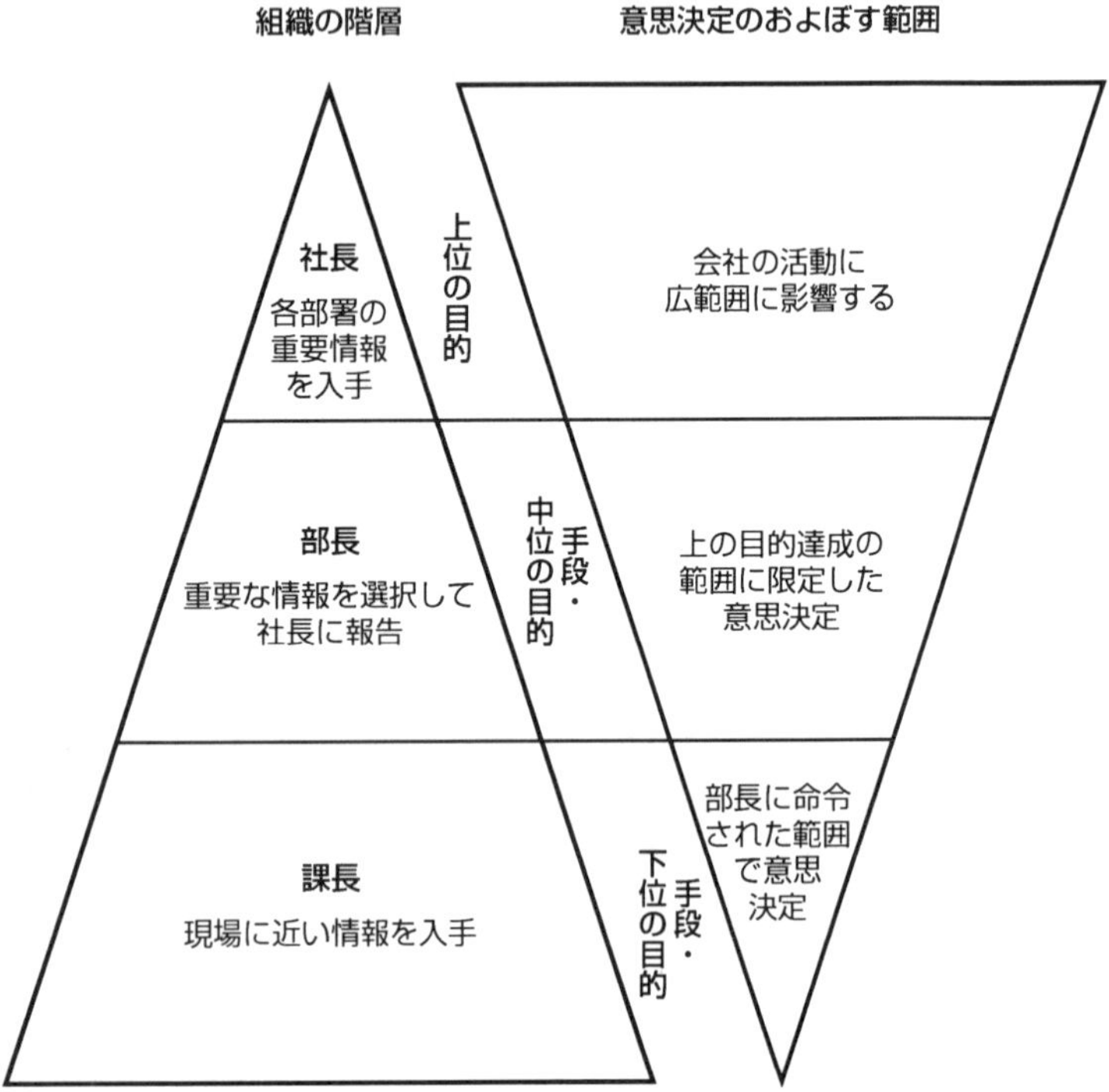

組織の階層
意思決定のおよぼす範囲
社長
各部署の重要情報を入手
上位の目的
会社の活動に広範囲に影響する
部長
重要な情報を選択して社長に報告
手段・中位の目的
上の目的達成の範囲に限定した意思決定
課長
現場に近い情報を入手
手段・下位の目的
部長に命令された範囲で意思決定

っと変わった美味しそうなサンドを作ってみれば、意外と関心を引いて売れるかもよ」翔太ものっている。

特に、司会進行をしなくても、みんな自由に意見を言い始めた。

「変わったサンドか。製品差別化だね」弘樹はいつものように理論的。

「とりあえず、有美子のプリントしてきたなかから候補を出そうよ」あっ、髭をさすらなかった。翔太のしぐさなんてどうでもいいのに、私は何を見てるんだ。反省。

「いくつ選ぶんだい？」

「そうね。たくさん選んでも、作るの大変じゃない。仕入れも面倒だし」翔太と真也の顔を交互に見ながら枝理が言うと、「そうだね」と翔太が相槌を打った。

商品は、多品種になれば、それぞれは少量生産になる。作る方は大変。単一製品を大量に生産する場合より、コストがかかるわけ。材料も何種類も仕入れなくてはいけないから、調達コストもかかるし、在庫の管理も面倒。**選択と集中**の意味がわかる。


「とりあえず、3種類の候補に絞らない？」

「OK。それじゃあ、みんなで選ぼう」

「価格戦略としては、高品質で美味しいけど価格の高いサンドと、適当な味と品質で安いサンドという選択があるよね」枝理が言うと、弘樹が説明を始めた。

「そう。差別化して、価格を高めに設定すると、お客さんが少なくても利幅があるので儲けることができる。でも、価格を低めにして、たくさんのお客さんに販売するんでも利益を上げられるぜ。原価700円のサンドを1000円で10人に販売すれば、3000円の利益（売上総利益）をあげられる。これは原価200円のサンドを300円で30人に販売するのと同じ利益だからね」

「でもさぁ、30人分も作るのは大変だよ」生産部門をあずかる翔太にとっては、10人と30人は大問題。

こんな話をしていると、知らない間に、製品の種類と価格、生産方法、販売方法などがどのように関わっているのか理解できる。

顧客の心をつかめ！ ―マーケティング―

ほうきの値段がピンからキリまであるのを知ってる？　中学や高校の掃除当番で使うような外を掃くほうきは安い。

先日、お母さんとデパートの催し物で見たほうきの値段にはびっくりした。小さな座敷ぼうきが2万円以上する。少し大きくなると5万円もする。工芸品として売られているのだから、立派な芸術品。

だけど、芸術品でごみを掃くのも考え物だと思った。ほうきを床の間に飾りたくなる。こんなほうきは、1日にいくつも売れるものではないよね。でも、たくさん売れなくても、儲けは確保できるのかもしれない。

価格を安くして、たくさん売ろうと思っても、職人の生産能力にも限界がある。値段の設定というのは、いろいろな要素の同時決定なんだ。

飲食店でも思い当たる。高級レストランの料金は高い。一流の調理人が作る料理の質が高いのは当然。高級な材料も使っている。ナイフやフォーク、お皿やグラスも高級。椅子もテーブルも高級家具。

接客係も黒服で応対する。お店の壁には高そうな絵画がかけられ、大理石の床はぴかぴか。こうした店でとる夕食は、ワインを飲みながら、会話を楽しみ、ゆっくりとした時間を過ごす。単に食事をするという目的ではなく、時を楽しむ。1人の顧客が支払う料金は高く、数千円から数万円までの料金だけど、1人の顧客が席についている時間は長い。

他方、人気のラーメン屋は、必ずしも綺麗な店ではない。使い古しのテーブルと拾ってきたような椅子、どこにでもある器にラーメンが入れられる。店構えも、接客係の服も、それほど気を遣う必要はない。あまり汚いのは困るけど、多少の汚れは許される。

ラーメンの価格は500円から1000円程度だけど、客は急いで食べて、食事が終われば席を立つ。高級レストランで2時間の食事を楽しむ人も、ラーメン屋では15分かな。１人の客が支払うお金は少ないけど、多くの客が食べてくれる。回転が速いんだ。

同じ製品であれば、価格が高ければ顧客を減らし、安くすれば顧客を増やす。でも、価格だけでは売上を決められない。製品の質・量だけでも決まらない。広告や販売促進の方法、お店の大きさや雰囲気、接客の仕方などを同時に考慮しなくてはいけない。そういえば、マーケティングの授業では、盛んに４Ｐが登場してきた。

マーケティングという授業科目は、結構幅広いことをやっている。聴きなれた言葉だけど、広告や宣伝としか思わない人もいるんじゃないかしら。

この分野の第一人者は**フィリップ・コトラー**（Philip Kotler）教授。この人は、個人と組織の目的を満たすような交換を生み出すために、アイデアや財・サービスの考案から、価格設定、プロモーション、流通にいたるまでを計画し、実行するプロセスをマーケティングと定義している。(15)

難しい言葉を使っているけど、英語で書かれたテキストを訳すと、何でも難しくなる。ハリー・ポッターのように、翻訳作家が訳せば違うのに。

要するに何を言っているのか。顧客が何を欲しがっているのか、どのようなものであれば購入してくれるのかなどを調査・分析して、商品を開発したり、設計して、完成した商品を

中心となるマーケティング・コンセプト

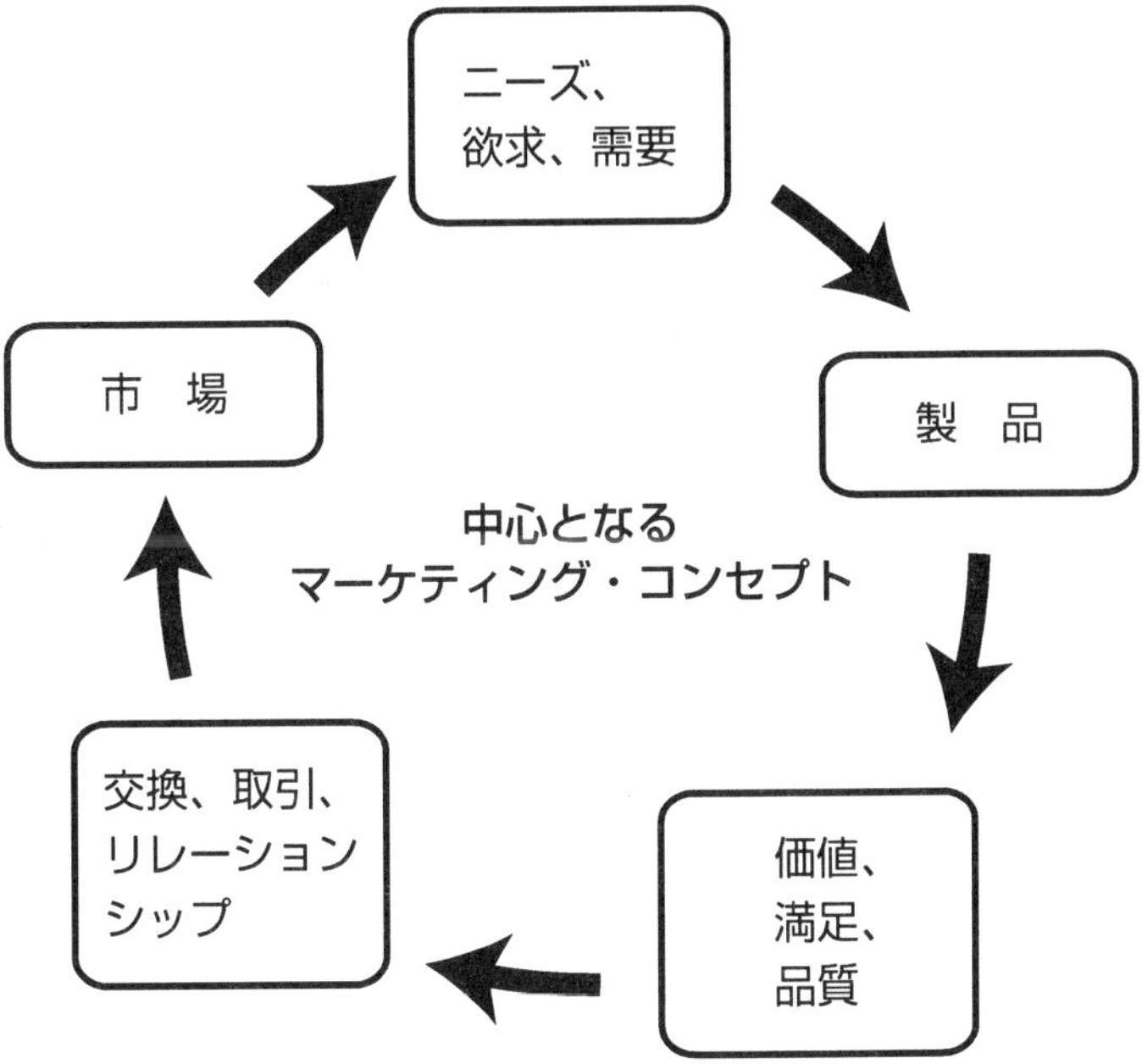

(15) フィリップ·コトラー（2002）『コトラーのマーケティング・マネジメント（基本編）』ピアソン・エデュケーション。

販売するために、宣伝・広告やその他の販売促進活動を行うのがマーケティングの活動。

企業の名前を知ってもらうことも、販売の仕組みや方法を考えることもマーケティングだし、企業と企業を取り巻くいろいろな利害関係者の関係を改善するための情報交換などのPR（パブリック・リレーションズ）活動もマーケティング。どちらも、顧客との関係につながっているから。

でも、組織内の人々との良好な人間関係を構築するためのコミュニケーション活動や投資家との情報交換であるIR（インベスターズ・リレーションズ）活動もマーケティングに含めたりする。何でもありのように感じるけど、製造過程そのものや、物流活動、人事や財務の活動自体はマーケティングでは扱わない。

このように幅広いマーケティングだけど、マーケティング活動が重視されるようになったのは、物があふれてきたから。物不足では、作れば買ってもらえる。だけど、物が余るようになれば、顧客の**ニーズ**や**ウォンツ**[16]を発見しなければ売れない。マーケティングは、こういう供給重視から需要重視の時代の活動といえるわけ。

4Pというのは、こんなふうに、何だかわからないくらい幅の広いマーケティングの活動を、関連する4つの内容に括ったもの。Pは、製品（Product）、価格（Price）、流通（Place）、そして販売促進（Promotion）の4つの頭文字をとっただけ。語呂合わせだね。

経営者は、ターゲットにした市場で売上目標を達成するために、これらの手段を組み合わ

ニーズとウォンツ

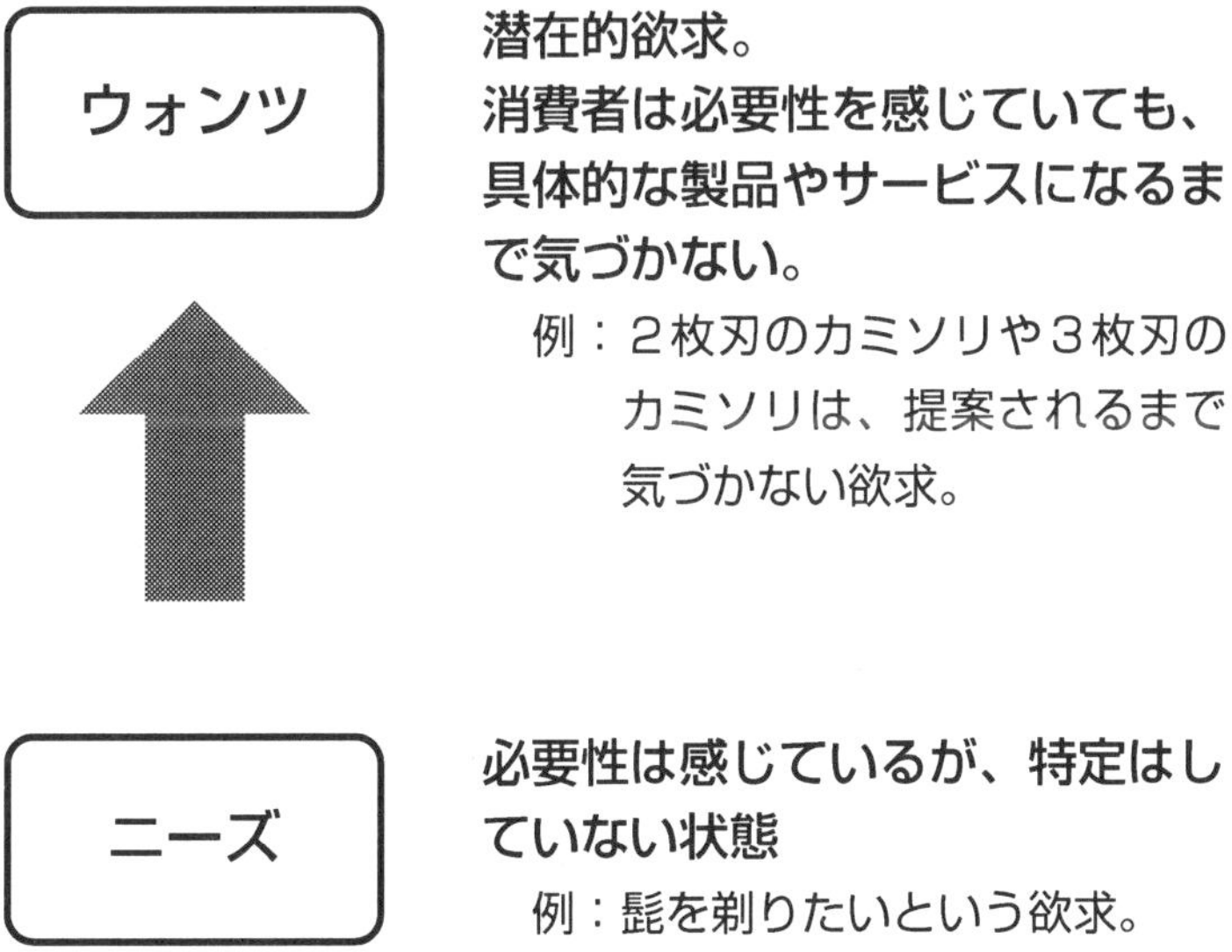
ウォンツ
潜在的欲求。
消費者は必要性を感じていても、具体的な製品やサービスになるまで気づかない。
例：２枚刃のカミソリや３枚刃のカミソリは、提案されるまで気づかない欲求。
ニーズ
必要性は感じているが、特定はしていない状態
例：髭を剃りたいという欲求。

(16) ニーズが顕在化した欲求に対して、ウォンツは潜在的欲求。

せた戦略を策定することになる。

価格と製品の関係については説明してきたけど、流通や販売促進の活動についても考えておかなくちゃ。サンドウィッチは、どんなに質がよく、健康食品で美味しかったとしても顧客の口に入らなくては意味がない。

製品やサービスが顧客の手に適切に届けられる流通戦略が重要になる。量販店やスーパーで販売するのか、専門店で販売するのか、通信やインターネットの販売、その他いろいろなチャネルを通じた戦略が策定される。

販売促進活動は、製品やサービスを多様なコミュニケーション手段で顧客に認知してもらう戦略のこと。テレビやラジオ、雑誌、新聞などの媒体を通じた広告・宣伝はもちろん、そのメッセージの内容や表現なんかも重要になる。

スーパーなどの店頭で特別な陳列をしているのを見たことある？　店頭広告やデモンストレーションは、人の目をひきつけなくちゃ意味がない。特別な値引き販売、販売員による売り込み、製品やサービスの内容説明、企業の社会的役割に関するPR活動なんかが販売促進活動に含まれる。

4Pを決めるには企業の内部事情だけでなく、外部事情も考慮しなくてはいけない。企業の論理が社会と異なることがある。だけど、ちがったら危険なんだ。

人々の嗜好は常に変化する。飲食店のメニューは、年中変化させないと飽きられる。美味しいはずだと思っても、美味しかった味も飽きられる。社会の流行に敏感でなければ、衣料品や装飾品は売れない。

人々の生活パターンなんかも関係する。共稼ぎの家族では、夜遅くに夕食をとる。買い物をするお店は、これを無視できない。人々の暮らしが貧しいときに売れたものが、豊かになったら売れないことがある。

老舗菓子屋で、売れ残ったあんこを作り直して売ることにした。「もったいない」という精神は日本の美徳。でも、美徳さえ変わっちゃう。もったいない商品は、消費者の怒りを買った。歴史の重みは、世の中の声を良く聴いて、これを受け止めることかも。

競争相手を決めることも重要ね。レストランとラーメン屋は飲食という領域では競争相手。でも、食事を目的別に分ければライバルじゃない。高級レストランが時間を楽しむ場であれば、劇場や映画館、美術館やコンサート会場、ボーリング場などの娯楽施設もライバルになる。ラーメン屋は、蕎麦屋や食堂のほかに、中食などの企業がライバルになる。寿司屋にしても、回転寿司と銀座の寿司屋は競争をしていない。

高級レストランとラーメン屋の優劣は、最後は利益に反映する。高級レストランが多くの利益を稼いでいるとは限らない。ラーメン屋の方が儲かっているかもしれない。

大学の4Pを考えてみた。大学もマーケティングの時代。大学を作れば志願者が受験する時代ではなくなった。作れば売れる時代ではなくなったんだ。

18歳人口が減少すると、全入時代になった。全入といっても、受験戦争がなくなるわけじゃない。人気の大学には志願者が集まり、不人気の大学は定員割れとなる。人気の製品はあっという間に売り切れ、消費者の心をつかめなかった製品は売れ残る。まさに顧客重視の時代。学生に対する教育やサービスを考えず、ただ校舎を増やして、受験生を確保してきた大学も、学生に目を向け、教育を重視した運営をしなくてはいけなくなった。

研究さえしていればよかった教授たちも、授業評価を受けることになった。驚いたことに、大学教授って教員免許をもってないんだって。道理で教え方がへたくそなわけよね。

スポーツ選手に見向きもしなかった一流大学がスポーツ推薦などの選抜をし始める。校舎は綺麗になり、学生に対応する職員の姿勢にも変化がみられるようになった。サービスマーケティングを理解し始めたんだ。

授業料に見合った教育サービスが求められ、大学教授が授業の方法を工夫する。わけのわからないことをしゃべり、汚い字で黒板に殴り書きしていた教授は、肩身の狭い思いをすることになる。20年間使い続けた講義ノートを見直す時期に来た。遅すぎだけど、私の時代には間に合った。

何十年も同じだったカリキュラムを改革し、人気のない科目を整理し、新たな科目を新設する。電車のなかには、たくさんの大学のポスターが貼られ、学部や学科の内容を紹介している。企業の製品やサービスの紹介と同じ。

教育のための機器も整備され、教室の空調施設が完備された。授業は、キャンパス内の教室のみならず、サテライト・キャンパスや通信教育、ウェブによる授業など多様な方法が生まれた。そして、教職員が高校を回り、大学の説明や模擬授業を行う。大学案内を作成して、全国の高校に配り、新聞や雑誌、テレビでコマーシャルする大学も登場した。

大学を取り巻く環境が大きく変化すれば、大学の事業ドメインも考えなくてはいけない。マーケティング戦略を越えた経営戦略の視点で、新たな学部の新設や学科構想、大学院の新設などを考えていくことになる。競争に負ければなくなっちゃうんだろうな。母校がなくなるって、卒業生にはつらいかも。

私は、単にクリスマスツリーで大学を選んだのかな。大学の授業料は、へたくそな教授による教育サービスの対価だけじゃない。自分の世界に入っちゃうような教授がいるし。あれじゃあ、元は取れっこない。

授業内容はもちろんだけど、大学の施設や雰囲気、クラブやサークル、仲間との出会い、卒業生、教務部や学生部、キャリアセンターなどの業務、財務や人事・総務、広報などのすべてを購入しているんだ。伝統という目に見えないものや、伝統を維持するためのコストを考えたことがあるかしら。

私が購入するいろいろな商品やサービスは、私の意志で購入してるのかな。私がショッピングを楽しみ、私が商品を見つけて、私の意志で、私がお金を出して購入したのは事実。でも、私が企業の活動を知り始め、その努力を見るとき、どうもそんなに簡単なことではなさそう。

企業は、私に商品やサービスを提供するために、ただ生産活動をしているだけではなく、大変な努力をしている。生産活動よりも、多くの活動がなされている。私たちのサンドウィッチも、生産の現場のみならず、それ以外の人が結構重要な仕事をしていることに気づく。

レストランが3種類のメニューをつくる理由―製品戦略―

「そうね。どういう**製品戦略**を策定すべきかしら？　いろんな問題が関係しそうだけど」

3種類のサンドウィッチを選ぶのは結構大変。

これは当たり前。企業であれば製品の決定だから。みんなは、サンドを選ぶ過程で、無意識的にマーケットを想定していることに気づいたかな。

来場者を意識し、同時にコストも考える。材料が多い、高級な素材を使ったサンドは、コストがかかるから、当然価格に反映される。プロの料理人がいるわけではないので、特別な差別化は難しい。安い材料で特別美味しいサンドを作れるわけがない。

みんなの頭には生産技術の問題が考慮されていた。食パンを芸術的にカットしたサンドや何時間も煮込んで作った具材を使うサンドも敬遠された。

そうした諸要因を無意識的に考慮して、200円〜600円前後で作れそうなサンドを選ぼうとしているんだ。

もちろん、例外はいる。健介が選んだのは霜降りステーキサンドだったけど、みんなに批判された。

そうした制約のなかで、まず10種類のサンドが選ばれ、さらにこれを半分に絞り、そして最後に3種類のサンドに決まった。この決定が正しければ、サンドは売れるよね。そして、サークルの資金も稼げるはず。顧客重視の経営をするのは当たり前。

3種類の選択に際しては、質と価格を同時に決めることになった。300円、400円、500円という3種類で販売することを決め、3種類に選ぶ過程では、材料費が同じようになるサンドは除外された。

300円のサンドを数種類つくるという戦略もあるけど、私たちは異なる価格戦略をとることにした。

また、仕入先が異なるようなサンドも除かれた。健介が適切な意見を言った。

「この魚介のサンドも美味しそうだよね」

有美子の何気ない発言に健介が噛みついた。

「冗談じゃないよ。誰が仕入れに行くと思ってるわけ。こんな材料はデパ地下にはないよ。築地まで行けってか？」

デパ地下にも魚介類は豊富にある。でも、メニューに適った材料を選ぶのは大変。買い物は商品に関する知識がなければダメなんだ。

確かに、仕入先が分散してれば、調達コストは高くつく。交通費のみならず、健介と真也が別々に仕入先に行くことになる。一度にたくさんの仕入れはできない。商品価格に占める物流コストは想像しているよりはるかに高いっていうことも習った気がする。

「仕入れも大変だけど、作るほうのことも考えてくれよ。3種類を作り分けるのってできるかな？」翔太が右斜め上を見ながらイメージしている。

「大丈夫よ。マックなんかでも、アルバイトが2名か3名くらいで何種類も作ってるじゃない」私は励ましたつもりなんだけど。

「でも、マニュアルがあるわけじゃないだろ。あまり難しいレシピは勘弁してくれよ。本当は、1種類でも心配なんだから」

「確かに、心配はわかるよ。でもね、生産部門の不安と同じように営業も不安なわけ」枝里が言うと、弘樹が補足した。

「そうだな。1種類のみのサンドじゃ、特定の好みの人だけに絞り込むことになるからね。

これも少々危険だね。何人かグループで食べに来ても、1人が気に入らなければ別の店に行っちゃうかもしれないし。商品を絞り込むのは大事で、当たれば儲けることができるけど、下手すると在庫の山になっちゃう」

絞り込みすぎは、儲けと危険が同居しているということ。リスクとリターンの関係だ。競馬なんてやったことないけど、みんなが大穴だって思うような馬に賭ければ、当たったら大儲け。でも、イチかバチか。何頭かの順当に勝てそうな馬に賭ければ、大儲けはできないけど、そこそこの配当がもらえる。ん？　競馬のプロみたいなこと言ってる？　これがリスクとリターンの関係ね。

ヒット商品を出せれば、余計な商品を生産する必要はない。儲かる商品をどんどん作れば良い。だけど、計画段階では、何が当たるかなんてわからない。ヒット商品っていうのは大穴なんだ。誰も作らない商品を作るから、当たれば大儲けとなる。

私が3つのメニューにしたのは、別の理由もある。ちょっと前にテレビで観たけど、レストランのメニューには売上を左右する重要な戦術が隠されている。

レストランのオーナーシェフは、安い料金のAメニューと比較的高いBメニューの2種類のランチを出していた。シェフの自信作はBなのに、多くの客はAを注文し、なかなかBを提供できない。お勧めなんだけど、食べてもらわないとわからない。

アドバイザーに相談すると、さらに高いCというメニューを追加するように言われる。3種類のメニューをつくることで、真ん中の価格であるBを選ぶ顧客が増えた。これまでBを選んでいた客はCを選び、Aの注文は減ったけど、全体の売上収入は増加した。

私は、このテレビを観て消費者心理の重要性を知った。だから、私たちのサンドウィッチも3種類で、真ん中の価格を売る計画。

私たちのメニューは、食パンでハムとトマト、玉子を挟んだ300円のスタンダード・サンド、ベーグルにハムとトマトとタマネギ、玉子を挟んだ400円のベーグル・サンド、そしてフランスパンにチーズとチョリソー、アボガドとトマト、タマネギ、玉子を挟んだ500円のフランスパン・サンド。

味付けは、塩と胡椒のみで、マヨネーズやケチャップはお好みでつけてもらうことにした。

このメニューは、適度に差別化ができている。少なくとも、大学近くのコンビニにはない。新平と翔太でも何とか作れると思う。営業もメニュー説明ができる。売り込みもある程度はできそう。

コラム 「ニーズとウォンツ」について 健介からの質問

「先生、健介です。いま時間ありますか？ ニーズとウォンツがこんがらがっちゃって」

「ニーズは、必要性だよね。ニーズを満たす商品というのは、消費者自身が必要としているものを認識している状況で、これに答える商品提供だ。空腹であれば、食事を提供すればニーズを満たすことになるよね。これに対して、潜在的な欲望であるウォンツは、消費者自身が気がついていないニーズ。同じ食事でも、新しい味の料理を提供したときに、顧客が新たな欲望を喚起されればウォンツを満たすことになる」

「う〜ん。他にありますか？ ちょっとわかり難いんで」

「昔の髭剃りは、床屋さんが使うようなナイフのようなやつだね。安全カミソリでさえ、画期的な発明だったんだけど、2枚刃のカミソリは消費者のウォンツを満たすことになるし、3枚刃も4枚刃も消費者のニーズではなく、企業が提案した新たな欲望なんだ。髭を剃りたいというニーズはあるけど、3枚刃や4枚刃の切れ味は知らなかったわけだ。携帯電話にメールを付加したり、カメラやワンセグ機能を付加するのも同じだね。まさか、携帯とカメラがドッキングするとは考えていなかったからね。ニーズはなかったんだね」

「なるほど。わかりました。ありがとうございました」

第9章 夢と現実―消費者は、ものすごく気まぐれ

組織は人が命―人間関係論―

明日は、いよいよSPF本番。株券は予定通り売れた。21000円が調達した資本金。今日中に材料を仕入れておかなくてはいけない。メニューは、パソコンで準備しよう。広告用のチラシも印刷しなくちゃ。それぞれの役割についてももう1度話し合っておこう。

4丁目で待ち合わせ。4丁目というのは、本館と第一学食の真ん中にある交差点。ず～っと昔から、そんなふうに呼ばれているらしい。

そろそろ、みんなが集まり始めた。そんな時、重大ニュースが飛び込んできた。絵美と真也がサークルを辞めたんだって。もちろん、RGCを辞めれば文化祭の催しに来るはずがない。どうも、ゴルフの練習方法をめぐって喧嘩をしたらしい。

真也にしては珍しく、冷静な判断ができなかったんだ。一番ゴルフがうまく、熱心に練習

していたのに、つまらない喧嘩で辞めてしまうなんて。絵美はともかくも、真也がいないのはイタイ。

「どうしてよ。困っちゃうな。まったく」私は、涙が出そうだった。

現実の会社でも多いだろう。社内のいざこざは、大学の友人関係よりも難しいかもしれない。昇進や昇格、働き方、意見の相違など、会社の公式的な問題のほかに、プライベートな関わりもたくさんあると思う。派閥なんていうのは非公式組織だけど、かなり影響力がありそう。嫉妬や恨み、いじめ問題もあるに違いない。

会社帰りの居酒屋で喧嘩して辞表を提出なんてことがあるのかもしれない。**公式（フォーマル）組織**と**非公式（インフォーマル）組織**、いずれも上手に管理しないと大事な人材が逃げてしまう。だけど、非公式な組織は、なかなか見え難そうだ。なんと言っても、非公式なんだから。それでいて、非公式な発言や意見のほうが幅を利かせるかもしれない。

サンドウィッチ屋としては、ゴルフの練習問題は非公式組織の問題。もちろん、親組織に当たるRGCとしては、練習の話は重要な公式組織上の問題で、むしろ文化祭の行事は派生的な仕事になる。

だけど、私はサンドウィッチ屋のリーダーだから、もっぱら、サンドウィッチに関わるいろいろな問題を公式組織の問題と考えている。今回の問題は、ゴルフに関する問題で、私の権限外のことだから、仕方ない。RGCの先輩たちに解決してもらいたい。

親会社から出向してきた2名の従業員が喧嘩して親会社を辞めるとき、子会社の社長が口を出すことはないよね。組織の権限と責任というのは難しい。「サンドウィッチ屋のために、サークルを辞めるな」なんて説得できっこない。

それでも、何もしなくていいのかしら。会社のなかにある非公式な組織が公式組織の問題に重要な影響を及ぼすとしたら、経営者は黙って指をくわえているのかな。職場の人間関係は、仕事上の組織だけではなく、その他さまざまなコミュニケーションから構成される。

やっぱり、人間関係に関する問題は、経営学の重要課題なんだ。

人間関係論の契機となったのは、アメリカのウェスタン・エレクトリック社のホーソン工場での実験。この実験は、ハーバード大学の**メイヨー**（E. Mayo：1880-1974）や**レスリスバーガー**（F.J. Roethlisberger：1898-1974）が中心となって行われた。非公式組織に注目する経営学の誕生。

ホーソン工場では、労働者の物理的条件の変更がどのように作業効率に影響を及ぼすのかを分析するため、作業場の照明を用いた実験を行った。明るさの程度と作業効率の関係を調べたんだ。

でも、明るさに関係なく労働者の能率は上昇していく。そのほかの実験も行われたけど、その結論は、労働者の能率は物理的条件による影響だけでなく、労働者の感情や公式組織以外の非公式組織の影響を受けるというもの。職場のなかで自然に生まれる規律や価値観、仲間意識などが仕事の出来不出来に関係するというわけ。1920年代から30年代初めにかけての実験。

いま考えれば当たり前だけど、実験対象となった労働者たちは、物理的条件以上に特別な実験をされているということに反応していたんだ。

職場の人間関係が能率に影響を及ぼすということは誰が考えても理解できる。上司が嫌な奴であれば命令など聞きたくない。たとえ、命令に従っても、命令されたこと以上の成果を達成しようとは思わない。上司の手柄になることなんか真っ平ごめん。人間関係が、やる気や企業文化に関わっていることは、経営学にとって重要な関心領域となったんだ。

消費者は、ものすごく気まぐれ―予算・生産管理―

人事・総務を担当する弘樹は、善後策に追われた。だけど、サークルのメンバーを増やすわけにはいかない。人を雇うのには時間がかかるんだ。

この間、私がお昼にスープカレー屋に行ったとき、珍しく店長らしい人が1人しかいない。まだ、お昼には少し早いけど。10名くらいのカウンターだから、1人でも何とかなる。

でも、いつもは3名くらいいるんだけど。店長は1人で仕事をてきぱきとこなしていた。カレーを食べていると、大学生くらいのアルバイト店員が「おはようございます」って。「ねえ、ヨッちゃんは、どうしたんだい？　今日は彼女が来てくれるはずなのに、何の連絡もなくて困っちゃってるんだけど」

店長の言葉に、アルバイトの学生は、「えっ、彼女、連絡なしですか。無責任だな。電話してみます」

アルバイトが連絡もなく休んだら、店長も大変に違いない。これから混んできたら、忙しくなる。連絡がなくちゃ、代わりのアルバイトを手配できない。コミュニケーションが取れないと組織は維持できないということ。

本当に、会社は人が命。突然、休まれたり、会社を辞められたりしたら仕事にならない。人をうまく管理できなければやっていけないな。

人事担当の弘樹は、いろいろ考えた末、接待係は1名のままにした。だけど、調達係は2名必要と考え、営業係の夢子を調達係に変更した。大きな会社では、年中こんなことが必要になるんだろう。

「それじゃあ、みんな明日の準備をしてください。それぞれ今日のうちに準備することをしておいてね」

「教子、私は当日しかやることないんだけど」絵美がいなくなったために接客係は好美1人になってしまった。

「そうね。好美は枝理と一緒に、メニューとチラシを作ってくれる？」

「了解」好美は体育会系の返事をした。

「教子、カラーコピーをしてもいいの？　チラシには、実際の写真なんかも入れたいんだけど、白黒じゃ良くわかんないし、食欲をそそらないでしょ」

「うん。でもカラーコピーは高いでしょ。予算的に無理がある感じかな。1枚50円くらいかかるでしょ。100枚で5000円かかる計算よね。100枚のチラシじゃ少ないしね」

「え〜、白黒かぁ。面白くないわ。何とかなんない？」枝理は不満そうだ。

「資本金が21000円で5000円の広告費は多すぎじゃない。我慢してよ」財務担当の有美子が私の援護射撃。彼女の役職からすれば当然よね。

「テーブルに置くメニューだけカラーコピーにして、チラシは白黒のコピーにしてくれる？　1枚5円とか6円で」

「それでやりましょう。1日100枚で300枚くらいは配りたいから、2000円くれる？」枝理は合理的判断ができる女性なんだ。

「じゃあ、有美子にもらって。有美子、お願いね」

各部門は、それぞれの予算獲得で仕事量が決まる。営業部門としては、広告費の獲得は大きな問題なんだ。会社も、各部門のトップは、予算獲得が重要な仕事。社長は、全体を見て、目的を達成するために最良の予算を組むことになる。

これは組織と表裏一体。大きな組織を作れば、予算も大きくなる。仕事量が多いんだから当然だよね。

国の予算折衝も同じ。道路族だとか、いろいろな族議員もいるけど、各省庁の大臣が自分の省のために予算を獲得しようとする。

経理・財務の仕事は、株券の発行に始まっていた。

有美子は、ちょっと言い難そうに、「株券を作るときにかかったコピー代は私の立替だから、その金額はもらってもいいよね」

「当たり前じゃない。でも、良かったね。21000円を集めておいて。最初に想定していたお金よりもかかりそうだもん」

何気ない会話だけど、**予算統制**をしているんだ。企業は毎年はじめに1年間の予算を決めて、支出を管理する。1年間の予算は、1年間の計画に則った支出。そして1年間の計画は、長期の計画を達成するための準備段階にあたる。1年ごとの計画をしっかりと実施していけば、長期の計画が実現することになる。

「真也と絵美の出資金は返還しなきゃ駄目かな？」

「そうね。できるだけ使わないようにしよう。でも、取りに来るかな？　来れないんじゃない？」

「出資金だから、返金はできないよな。株式会社なんだから。配当を払えばいいじゃない」

「そうか。そうだね」

「教子、明日の準備のために、メニューにあるサンドウィッチを試作したいんだけど、いいよな。いきなり本番じゃ困るだろ？」翔太も慎重になってる。いきなり本番は心配だよね。練習は当然。開店前に試作をしないで食べさせる店なんてない。

「そうね。お願いします。夢子と健介は試作用も含めて、少し余分に買ってきてくれる？1500円で材料を準備してきて。金額的には十分な準備ができるはずだから」

夢子と健介は、お金を受け取ると、何やら相談した後、別々の方向に買出しに出た。役割分担をしたんだ。2人が帰るまでの間、みんなはチラシやメニューのデザインを考えていた。

いくつかの案を出している最中に、枝理と好美が看板のデザインのことを言った。そういえば、私たちは看板を準備していなかった。大失敗。

でも、それぞれの役割は機能している。ちゃんと営業・販売の担当者が、お客を呼び込むことを考えているんだ。

残りが3000円ほど。模造紙やベニヤ板を使って、看板を作らなくちゃ。私と有美子で東急ハンズに行くことにした。ポップ用のカラーインキを何種類か購入し、看板用の材料を購入することができた。現金の余りは、数十円。

「これって、ちょっと心配だわ」財務・経理担当の有美子は、手のひらに残ったいくつかの10円玉を私に見せた。

「何とかしてね。ないものは仕方ないから」

「万一のときは、追加出資かもね」心配そうな顔をしていた。前日にこんな状況じゃ不安になるのは当然。


大学に戻ると、買出し組も戻っていた。翔太と新平が材料を選びながら作り始めた。翔太はなかなかの包丁さばき。それに比べると新平はぎこちない。しかし、料理ができない私よりはましかもしれない。

3種類のサンドが完成するまで翔太が30分、新平は50分もかかった。これでは、とてもお客に出せない。サンド3つを注文して30分待たせる店があるかしら。いくつかを作り置きしておくことが必要だし、練習して生産性をアップしなくてはいけない。

それに、新平のサンドは、形も悪い。とてもお客様に出せるような代物じゃない。企業が研修する意味が痛いほどわかる。

大きな会社では、就職すると研修期間がある。ぶっつけ本番は心配だもん。私は、電話の応対も満足にできそうにない。経営学と実際の仕事は同じじゃないから、やっぱり研修を受けたいな。

初期の経営学は、ものづくりの現場が重要だった。できるだけ安く、そしてたくさん作れることが勝利の道だったんだ。だから、ものづくりの現場をしっかりと管理することに関心が向けられた。もちろん、これは今も同じ。強いメーカーは、生産現場がしっかりしている。

経営学の授業で習った。生産現場の管理は、**テーラー**（Frederick W. Taylor）の**科学的管理**にさかのぼる。経営学部でテーラーの名前を知らない学生はいないよね。彼は、19世紀の半ばに生まれたアメリカの技術者。ものづくりの現場を科学的に管理しようと試みて、「科学的管理法の父」と呼ばれる。

当時のものづくりは、機械化されておらず、職人の手に委ねられていた。仕事のうまい職人の技を見よう見まねで覚える。賃金が出来高で支払われるので、たくさん作れば賃金は増え、企業も儲かるはずだった。

だけど、みんながたくさん作るようになると、製品の単価が下がり、それに応じて賃金の単価も減ってしまう。これじゃあ、職人はくたびれ儲けになる。だから、生産制限をして、工員の利益を増やそうというおかしなことになっていたみたい。

職人たちは怠けることを考え、頻繁に職場を休んだ。テーラーは、こうした職人の仕事を科学的に管理しようと思ったわけ。1日の標準的な作業量を確定するため、作業方法や道具の使い方などをマニュアル化する。生産効率を高めるために、作業に関する動作と時間の研究を行い、人間の労働をロボットのように標準化しようと試みた。

優秀な職人の作業をストップウォッチで測定し、作業時間や休憩時間などを記録して、仕事を詳細に細分化した。それで、仕事は、管理できる対象になった。

管理者は標準作業量を決めて、これを基準に賃金を支払う課業制度の導入を提案する。何も考えずに、見よう見まねの慣例的で慣習的な作業方法から、科学に基づく管理手法への転換。課業は、事前に計画された仕事のマニュアルなんだ。

科学的な専門知識をもつ管理者と熟練した技能を有する人材が協働することで、作業量が増え、成果があがれば、職人の賃金も増加する。労使双方の果実が膨らむと考えたみたい。

サンドウィッチの生産工程にも、こうした課業管理が必要なんだ。標準的なサンドウィッチの生産方法を準備し、無駄なく作業することで、時間の節約もできる。翔太のテキパキとした動きを詳細にメモリ、ストップウォッチで測定し、標準的な作業方法を決める。新平は、このマニュアルに従って作ればいいんだ。これはちょっときついかな。

でも、無駄な動きは、働く人を疲れさせるだけ。大量に生産する現場では、標準化した作業マニュアルがコストの削減に大きな影響を与えている。しかも、マニュアル化すれば、採用後の訓練も簡単になる。労働生産性は、飛躍的に高まるはず。

生産部門は、製品の質と生産時間の短縮という二律背反する問題に直面している。私は胃が痛くなった。明日までにサンドウィッチは商品化できるかしら。

企業が納期を守れなければ信用をなくすという。当然だよね。企業と企業の取引は、また別の企業と企業の取引につながっている。1つの企業が納期を守らなくては、連鎖的に遅れ、最後は、消費者の手元に届くのが遅れてしまう。

消費者は、ものすごく気まぐれ。私もそうだけど、買いたいと思っていた商品も、別の商品が出てきたら忘れちゃう。ちょっと遅れたら、キャンセルされてしまうかもしれない。そしたら、一連の取引がパーになる。消費者がキャンセルすれば、代金が回収できず、利益はもちろん、給与や材料費、経費を支払うことができなくなる。

私たちは、このままでは明日の商売ができない。サンドウィッチを作れなければ売上はゼロ。売上収入がなければ利益もない。利益がゼロであれば、株主に配当を支払うことができない。利益や配当どころではない。出資してくれた500円さえ返せない。こんなことを考えていたら、お腹だけでなく、頭痛もしてきた。

「2人で作り方を工夫してくれないかな。得意な部分を担当するようにして、効率性を追求して欲しいわけよ。新平が前に説明してくれたじゃない。アダム・スミスのピン工場。あのピン工場のように2人で生産性を上げる工夫をしてくれない」私は、少しイラついた口調で話した。

私の苛立ちとは別に、翔太も新平も冷静だった。

「大丈夫だよ。そんなに心配することはない。明日は、玉子は茹でておくし、アボガドやトマト、タマネギはスライスして準備しておく。それにハムやチーズなんかもパッケージから出しておくから、お客の注文があれば、これを入れて挟むだけ」

なるほど。生産の準備をしておけば、ぜんぜん違う。試作車なんかは、すごいコストがかかるけど、実際に販売する段階になれば生産性がアップしてコストが低下する。そういうことなんだ。飲食店で仕込みをしていないところなんてないだろうし。

「そうか。それなら心配ないね。じゃ、味見してみよう」


安心したのがまずかった。当日になると事態はいっそう深刻なことになった。昨日の夢は最悪だった。夢の内容は思い出せないけど、正夢？

仕入れた材料の中身を確認していなかったから、バランスが最悪。

気付いたのは、材料不足が発覚してから。ハムやチョリソーがなくなっているのに、トマトと玉子がたくさんあり、アボガドとタマネギが少ない。食パンとベーグル、そしてフランスパン、それぞれの材料がバランス悪く残っている。

食パンとベーグルの残りに対して、ハムやトマトの量が一致しない。フランスパンも同じ。一体全体、どうしてこうなったんだろう。ちゃんと計算して仕入れたのかな。

仕入係の夢子と健介に問い質すと、あっさりとした回答だった。

「勝手に買ったんだから、そうかもね」なるほど、確かにそういう結果だよ。仕入部門の責任者を決めておかなかったことで、それぞれが自分勝手な行動をとる。真也がいれば、こんなことにはならなかったかも。いまさら悔やんでも仕方ない。

これでは、頻繁に買出しが必要になる。メニューの商品に合わせて材料購入をしておかなかったから、必要のない買出しをしなくてはいけなくなった。材料の調達と生産の関係が理解されておらず、相互のコミュニケーションが不足した結果だった。

生産部門も、自信たっぷりだったにもかかわらず、朝の準備にてこずった。翔太が珍しく遅刻してきたため、新平は何もできずに待っているしかなかった。

開店15分前にタマネギやトマトなどをスライスし、玉子を茹で始めた。ここでも、商品ごとの材料を考えずに、多すぎるトマトのスライス、目がしみるからなのか、タマネギのスライスは異常に少ない準備となった。

具材を挟むだけで、準備不足のまま営業開始となった。

「美味しいサンドはいかがですか～」枝理の声が良く聞こえる。営業部門の枝理は自分の役

割に一生懸命。張り切りすぎて、開店前から列を作っている。頑張ってチラシを配ってくれるのはいいんだけど、準備ができてないんだってば。泣きっ面に蜂よ。

　並んでいるお客さんも、列が動かないので「なにやってんだ。早くしてくんないかな?」遠慮がちに小声で文句を言いながら列を離れていく。普通のお店だったら怒鳴っているかもしれない。

　私も有美子も弘樹も、ただオタオタするだけ。

　売れ筋商品のベーグル・サンドとフランスパン・サンドにはタマネギが必要。タマネギがなくなり、翔太がスライスを始めた。新平は、その間にタマネギの要らないスタンダード・サンドを一生懸命作っている。食パンはスライスしてあるため、スタンダードが出来上がるのは速い。幾重にも積み重なるけど、スタンダードの注文はほとんどなかった。

文化祭で、普通のサンドを食べたいと思う人なんていない。行列のできるサンドウィッチ屋だけど、その中身は悲惨だった。ベーグル・サンドとフランスパン・サンドの行列ができ、スタンダード・サンドが山積みなんだから。

在庫の管理に失敗すると会社は倒産する！ ―在庫管理―

在庫の管理に失敗すると会社は倒産する。私たちのサンドウィッチ屋はまさに倒産の危機にあった。どうしてかって？

借金はしていないけど、手持ちの現金はわずか。そして、サンドウィッチの材料やスタンダード・サンドはたくさんあるのに、肝心のベーグル・サンドやフランスパン・サンドが作れない。材料を買出しに行こうとしても、お金がないんだから。これじゃあ、スタンダード・サンドだけ残って、サンドウィッチ屋の活動はストップしちゃう。

世の中では黒字倒産する企業がある。たくさんの商品を仕入れ、在庫を増やしたけど、売上の収入が入金する前に仕入先企業への支払期日が来てしまい、倒産するというもの。

だから、在庫の管理は重要なんだ。在庫管理は、企業活動の効率性を左右する。

昔、コンビニエンスストアの話をテレビで観た。商品の陳列棚に、たくさんの商品を置いている。コンビニだから、多くの商品を準備しなくてはいけない。だけど、なかにはまったく売れない商品がある。こういう商品の在庫は、その分のお金が回収できていないということ。

そこで、在庫をチェックして、売れない商品を撤去し、売れる商品に代えることで、業績を向上させるというわけ。

トヨタの**カンバン方式**も有名。部品などの在庫は、後工程に引き取られた必要最低限を補充するようにしている。カンバンというのは、物の流れを円滑にするための情報を書き込んだカードのこと。サンドウィッチを作りながら、タマネギやパンなどが過不足なく準備されるように指示されるんだ。

トヨタ生産方式は、7つのムダをなくすことを目的としている。作り過ぎ、手持ち、運搬、加工、在庫、動作、不良品を作るムダ。

新平がコツコツと作り続けるスタンダードは、作り過ぎのムダであり、加工のムダ、在庫のムダでもある。ベーグルやフランスパンの材料も、バランスが悪いためにムダな在庫となっている。買出しを頻繁に行えば、ムダな運搬をしなくてはいけない。タマネギ1個で買出しとなれば、労働コストもかかることになる。私たちはアルバイト代さえ支払わないけど。

材料の足りないサンドや具材が多すぎたり少なすぎたりという不良品を作ったら、その原因をすぐにチェックしなくちゃ駄目。不良品は売れないし、売っちゃ駄目。だから、在庫も増やすことになる。とにかく、ムダはいろいろなところに隠れているわけ。

　でも、一番大事なことは従業員がいつも改善につとめていること。改善は、いまや世界共通の**カイゼン**という専門用語にもなっているんだ。従業員がいつも問題を発見しようとしている。この意識が当たり前になっていれば、生産の仕組みを改善させることになる。イノベーションの原点ね。こうした人材を育成できれば、強い企業になれる。みんなが経営者的な発想をするんだから。


「う〜ん、どうしよう。弘樹、有美子、何とかしなきゃ」

「スタンダードの生産を止めなきゃね。ありゃムダだ」弘樹が新平に指示をした。

「それと、営業の枝理にお客を連れてこないように連絡して。チラシ配りもしばらくストップ」弘樹がテキパキと指示を出した。やっぱり頼りになるな。

「あのスタンダードはどうするの？」私は質問するだけ。

「安売りしましょう」有美子の発案。

「えっ。安売り？　大丈夫なの。赤字になっちゃうよ」私の不安を無視して、弘樹が次の指示を出した。

「好美と枝理は、並んでいるお客さんにスタンダードを売り込んでくれ」

「売り込んでって？　スタンダードは売れないよ」好美が悲鳴を上げた。枝理もさえない顔になっている。

「300円の定価だけど、半額セール。それでも売れなきゃ100円にして」有美子の目が鋭くなった感じがした。

「元も取れないんじゃない？　大赤字になっちゃわない？」私は先輩たちへの配当やサークル活動費のことが頭に浮かんだ。また、胃が痛くなった。

「売れない商品を取っておいても仕方ないじゃない。赤字になっても、売っちゃわなきゃ、売れるベーグル・サンドやフランスパン・サンドの具材を仕入れられないでしょう」

「そうか。そうだね」

私は納得した。衣料品店がシーズンが終わる頃にバーゲンをするのもそういうことだったんだ。倉庫にしまっていても、次のシーズンには流行遅れになって売れない。原価割れでも、売っちゃわなきゃ駄目なんだ。

スーパーも、賞味期限が切れそうな食品は安売りしているし、夕方になると生鮮食料品の値段がどんどん下がる。現金を回収するためには、損してもいいんだ。


2時間後…

「完売。全部売れたよ」好美が嬉しそう。

「安売りすれば、普通のサンドも売れるね。でも、最初からこの値段じゃ、売れば売るほど赤字が増えちゃうもんね」

これでベーグル・サンドとフランスパン・サンドの材料を買出しできる。今度は、有美子がしっかりと計算して、健介と夢子に必要な具材を指示した。ベーグル・サンドとフランスパン・サンドのために必要な材料を組み合わせて、購入するリストを作った。

作れど売れない商品と注文があるのに作れない商品。この組み合わせは、需要と供給のミスマッチで、生産部門と営業部門のコミュニケーションが取れていないために起こる。実際の企業でもよくあることとみたい。

部門の責任者を決めなかったことで、勝手な仕入や生産が行われてしまう。情報も分散化して、意思決定ができない。部門間の調整もしていない。

私は何をしているんだ。社長失格。調達する能力のある人材、生産能力のある人材、営業能力のある人材。私がしっかりとした指示をすれば、問題は起こらなかったと思う。調達と生産、そして販売活動がうまく連携・結合しなければまったく意味がない。

目まぐるしい忙しさ。何が忙しいのかわからないぐらい忙しい。といっても、私はウロウロするだけ。弘樹と有美子の指示で、ベーグル・サンドとフランスパン・サンドの具材が調達でき、新平と翔太がせっせと作っている。好美も、接客に忙しそう。うまく回転し始めた。枝理は、チラシをもって、正門付近でお客を勧誘し始めた。

コラム 「トヨタのカンバン方式」について 夢子からの質問

「こんばんは。夢子どす。お時間よろしいでしょうか? トヨタのカンバン方式を知りとうて来たんどす」

「カンバン方式か。これは、ジャスト・イン・タイム(just-in-time:JIT)方式とも呼ばれる、在庫を削減する生産方式だね。企業は部品や原材料を購入して生産するでしょ。でも、購入した部品や原材料がすぐに工場の生産現場に行くわけじゃない。いったん、倉庫に保管し、生産に応じて倉庫から出して製造工程に引き渡されていくわけだ。製品が売れなければ、注文が減ってラインが止まったりするよね。そうなると、倉庫の部品や原材料も眠ったままだ」

「倉庫に眠っていてもよろしいんでっしゃろ」

「眠りっぱなしの部品や原材料はお金にならないでしょ。企業は現金でさまざまな経営資源を調達し、商品をつくり販売して現金を回収するのが仕事。だから、現金回収が滞ると非効率な経営ということになる。JIT方式は、各生産工程で必要な部品を最小限だけ用意することで、在庫の無駄が省かれ、資本効率を高めることができるんだ」

「具体的にはどないするんですか?」

「部品や原材料の納入業者に対して、在庫水準を見ながら納入時間、数量を書き込んだカンバンで注文を行うだけ。納入業者が倉庫の代わりになっているといえるかもしれないね。そうなるためには、取引先企業との密接な関係が構築されなければできないだろ」

「取引先は大変ですね」

「そうだね。緊密な企業間の関係が構築されていないとカンバン方式はできないね」

第10章　PDS（PDCA）の働きと新事件―利益さえ稼げば、何やってもいいわけじゃない！

消費者の意見に耳を傾けよう！ ―商品開発・提携―

「あ～疲れた。精神的にも肉体的にも」私は本当にぐったりしていた。

「教子は、肉体的に疲労してないだろ」弘樹がちょっと嫌みっぽく言った。

「ん～。精神が疲れると肉体もやられちゃうの。ストレスで病気になるって言うじゃない」

「なるほど。それって結構正しいね」

ストレスの管理も重要。組織のなかでは、いろいろなストレスがある。こうした問題が管理できないと、企業経営はうまくいかないよね。大学にも学生相談所があって、いろいろな悩みを聴いてくれる。会社も同じ。カウンセラーは会社にとっても必要なんだ。

「ところで、今日の経営成績はどうだった？」私は有美子の方を見た。

「そ〜ね。手持ちの現金は、13000円ちょっとってとこね」

「え〜。やっぱり赤字ね。21000円が13000円じゃ」

「教子、簿記の勉強してんだろ。この間、自信たっぷりに説明しようとしてたじゃん」

弘樹に言われても、何を言っているのかわからない。

「現金は、13000円ちょっとだけど、最初にチラシや看板を作ったじゃない。これはあと2日は使うわけよ。それに、紙ナプキンや紙皿、マヨネーズなんかも残ってるのよ。パンやタマネギなんかも結構残ってるし。私が計算すると、意外かもしれないけど、黒字なんだ」

有美子の説明を聞いて、私は驚いた。

「出資したお金は取り戻してないのに、赤字じゃないのね」

「当たり前だろ。何言ってるんだよ。3日が終わるときにはすべてが現金化されるけど、1日目が終わった段階では、利益と現金は一致しないさ」弘樹の言葉で思い出した。

そうだ。会社だって、出資したお金と利益は一致しない。カレー屋を始めるときには、冷蔵庫や厨房の備品、ナイフやフォーク、コップにお皿などを準備する。これは1日のお客で回収するものじゃない。

1日の終わりに、出資した現金をすべて回収するなんて、お祭りの屋台くらいかも。こんな当たり前のことなのに、私としたことが。だけど良かった。

ストレス解消。疲れが一瞬にしてなくなった。

「やった～。それなら、明日の準備ね」私の眉間から緊張のしわがなくなった。

「教子、さっきまでと随分、違うね」

「私は切り替えが早いのよ」


「それじゃ、在庫の確認をしておこう。現在の材料で、明日は何時頃まで買出ししないですむかな？」

「それは私がチェックするわ。それより、明日からは調達係1人でいいんじゃない？」有美子は弘樹の方を向いて、少しきつく言った。

「そうだね。確かに。夢子は営業に戻そう。接客も忙しそうだったね。後半は」弘樹は、すんなりと有美子の意見を受け入れた。さすがに大人って感じ。また惚れちゃう。余裕ができた証拠かな。

「それと、今日1日で気がついたんだけど、300円のスタンダードは値下げしたから売れたけど、あのままの価格では1つも売れなかったわ」

「明日も売れないよ。アレは駄目だな。商品開発し直そう」弘樹の意見はもっともだった。

「そうすると、いまある材料を使って、商品開発ね。翔太に相談してみよう」

これは**商品開発**の投資といって、企業は、いつでも新たな商品を開発するために投資をしている。投入した商品の売れ行きを見ながら、あるいは消費者からの苦情や意見を取り入れながら、新しい商品を開発する。そうした手がかりのないまったくの新商品の開発は雲をつかむようなもの。

私たちの研究開発は新しい具材を使って、300円で販売できる美味しいサンドの開発が使命だった。

「ちょっと待って。どのくらいの材料を使うの？　それによって、明日の朝までに健介に買出しにいってもらうリストが変わるから」有美子はちょっと不安そう。

「いま翔太に電話したんだけど、家に帰る途中なんだって。もう電車のなかだって」

「早いんだね。終わったら、さっさと帰っちゃうんだ」

「それで、商品開発は、自宅で考えるってさ。冷蔵庫にある材料で工夫するみたい。決まったら、有美子に連絡するように言ったから」

「ふ〜ん。でもあんまり遅くなったら健介に連絡取れなくなっちゃうんで、急いでって言ってね」

「彼女と一緒に考えるってさ。材料費は後で請求するって」

開発投資にはコストがかかる。新しい分野に挑戦すれば、このコストは大きくなる。いまの日本では、新製品のための投資が重要なんだ。誰にでも作れる商品は、人件費などのコストの安い国で作ればいい。日本で作っていてはコスト競争に負けちゃうからね。

でも、新製品なんかは、単に人件費の問題じゃない。何が社会に求められているかを考え、いままでにない生活を提案しなくてはいけない。提案に失敗すればかかったコストはパーになっちゃう。だから、大きな企業でなければなかなか投資できない。リスクのある投資なんだ。

トヨタのハイブリッド・エンジンの開発には大きなコストがかかったんだろうな。成功したからいいけど、失敗していたらかかったコストは回収できない。大昔、ソニーはウォークマンを開発した。歩きながら音楽を聴く習慣がなかった時代に。いまはアップルのｉＰｏｄが頑張っている。


「それとね。テーブル席のお客さんは飲み物が欲しいって」

「そうだよな。飲み物なしでサンドウィッチはないよ」

「でも、面倒だね。結構重いし、健介に調達を頼むと嫌がるぞ」

「**提携**しよう。戦略的提携だ。俺らの４つ手前の出店。ほら、テニスの何だっけ。あそこは飲み物だけ販売してんじゃない」

「なるほど、そこと提携ね。え〜と、イーグル・テニスよ。注文があれば、好美か夢子が買いに行けばいいんだ」

「事前に交渉しておこう。１００円が売価だから、うちとの提携価格は80円くらいで頼めるんじゃない？ うちの売価も１００円にしてね」

企業は、自分の会社ではできない仕事をアウトソーシングする。つまり、外注。何でも自前ですることはできない。企業は得意な分野に特化しているんだから、当たり前。

一緒に仕事をした方が、効率的であったり、大きな成果が期待できるときに提携する。販売の提携だけでなく、商品開発や生産などでも提携が行われる。そして、提携では満足できないときには合併や買収になる。これをM&Aっていうの。

単なる提携では満足のいく効果が得られないときには、1つの命令系統の組織にまとめた方が良いからね。

「あそこの責任者は誰?」

「2年生の法学部の先輩だね。連絡先は、法学部の先輩から聞くか? 真也が辞めちゃったからね」

「わかった。私が調べて連絡するわ」私はみんなには内緒で、真也に電話してみることにした。

私たちは、1日を振り返り、チェックしていた。これが2日目に生きるんだ。P—D—SとかP—D—C—Aが機能していた!

私は、法学部の先輩を紹介してもらうために真也に電話をかけた。

「RGC辞めちゃったんだってね。びっくりだよ」

「うん。売り言葉に買い言葉でね。後に引けなくなっちゃった。みんなに迷惑かけてんだろうな。悪いな」

「それでね…」

私は、SPFのサンドウィッチ屋の現状を説明して、テニスサークルとの提携をしたいから、先輩と連絡を取りたいという内容を話した。真也は、仲介役を買って出てくれた。


初日は、練習だ。2日目からが本番。そう自分に言い聞かせた。

朝、一番に店に出て準備をしていると、法学部の先輩がやってきた。イーグル・テニスの横田さん。しかも、真也と一緒！

「おはよ。イーグルの横田です。真也から話は聴いたよ。僕らにとってもいい話なので、是非協力させてもらうよ。原価は50円程度だから、80円なんていらないから。でも、多少の儲けをもらいたいので60円ということで手を打とう」

「えっ。いいんですか？ 60円で？ ありがとうございます」私は深々と頭を下げた。

「うん。お互いに頑張ろうな」

「はい。本当にありがとうございます」私はもう一度頭を下げた。そして、真也の方を向くと、彼が目配せをした。

「俺、戻ることにした。RGCは辞めらんないよ。昨日、電話ありがとな」真也の思いがけない言葉に、なんだかジ〜ンときちゃって。法学部の先輩に電話をかけなきゃいけなかったけど、それより真也の気持ちを知りたかった。電話してよかった。

「良かった。ほんと。良かった。それじゃ、今日からサンドウィッチ屋もやるんでしょ」

「もちろん手伝うけど、午前中はちょっと用事を入れちゃってるんだ。ごめんな」

「うん。みんなに言っておくからね」

真也は、みんなが来る前に急いで駅の方に戻っていった。大事な用事なんだろう。真也の復帰をみんなに伝えると、当然だが喜んでくれた。

翔太は、新たなスタンダード・サンドの試作品を作ってきた。ピリッとしたタコス味。作るのも簡単、タコスの元を使っちゃうんだから。しかも、材料費も安い。そして美味しい！

「これイケるね」弘樹が最初に味見した。

「うん。これなら普通のサンドじゃないね。一番人気になっちゃうかも」私も舌には自信がある。ん？「舌にも」だ。

「しかも、原価が安いから、300円でもそこそこ儲かるんだ」翔太は自信満々に続けた。

「昨日、いろいろと試したんで、材料費はくれよな」

「もちろん。いくらかかったの。昨日電話で連絡していた金額？　レシートある？」

翔太が1260円のレシートを出した。これが商品開発投資の金額。これを回収できるかどうかが、投資の成否の判断ということになる。実際には、人件費やその他の経費などもかかるから、材料費だけなんてことはない。設備の購入だってある。

翔太は、昨日のうちに有美子に連絡していた。そういえば、私のケータイにも電話があったみたい。ちょうど、真也と話していた時間だった。

有美子は、健介に連絡して、午前中に仕入れてくる材料を指示していた。新しいスタンダード・サンドの材料は、そろっていた。組織が機能している。今日は、すべてが万端かな。

残念ながら、チラシやメニューの作り直しが必要だった。新しいスタンダード・サンドの魅力を広告しなきゃ。営業部門は、朝から張り切っている。新商品を開発すると、新たな営業のための費用が発生する。これも一種の投資なんだ。


自動車会社も、家電メーカーも、新製品が出れば、大々的にコマーシャルをする。あれは結構なコストが必要。それでも、コマーシャル無しじゃ売れないからね。いい物を作ったら、消費者に伝えなきゃ意味がない。

新商品の効果は、意外な展開となった。嬉しい誤算！　最初、一番売りたいベーグル・サンドを売るために、スタンダード・サンドとフランスパン・サンドを作ったんだけど、3～4人のグループは、テーブルに座ると、しばらくメニューを眺めて3種類のサンドを注文する。それぞれに味を試してみたいらしい。

私たちは、テーブルでの会話が気になって仕方がない。どんな反応かな?

耳を澄ましていると、

「これいけるジャン」「そこそこだよな」「300円のちょい辛いのがいいね」

お客さんが喜ぶのは、自分たちの喜びでもある。翔太は、鼻高々。みんなも嬉しそう。どんな会社も同じだろう。平社員だって、自分の会社の製品を褒めてもらえば嬉しい。飲食店であれば美味しいの一言で疲れもすっ飛んじゃうかも。顧客が喜べば、みんなが喜ぶ。その反対もあるんだろうな。

スタンダードの辛さに関係なく、みんな必ずジュースを注文する。サンドの儲けにジュースの儲けが加わった。ジュースを運ぶのは、ほんのちょっとだけ大変だけど、なんとかなってる。

テニスサークルから仕入れるジュースは、信用取引によるもので、いちいち現金で決済しない。それぞれのトップが話し合い、しかも、同じ立教大学のサークル同士。ツケがきくの。ある程度のジュースを購入した段階で、まとめて支払う。信用取引は、継続して取引のある企業間では当たり前の商慣習。でも、初めての客にツケは駄目。信用がつくから、ツケができる。

スタンダード・サンドは、なかなかの人気商品になった。価格が安くて差別化もしている。原価が安いから利益も出る。最高の商品じゃないかしら。昨日と変わって、スタンダードが人気商品となり、ベーグル・サンドやフランスパン・サンドがついでに売れるという感じとなった。

それでも、昨日より繁盛しているから、儲けはかなりよね。買出しにも、何度も出かけている。翔太と新平は、休む暇なく作り続けている。嬉しい悲鳴！

2時過ぎる頃には、お客も減りだした。営業活動も、これ以上はしたくない。もうクタクタなんだ。淡々と仕事に没頭していたので、会話もなかった。接客も、型通りのマニュアル的な対応しかない。

忙しさで忘れていたけど、真也はどうしたんだろう。みんなも気がついているんだけど、何も言わない。なんとなく、暗い感じ。疲労も加わっているし、儲かったんだから文句はないよね。今日は、4時には店を閉めよう。事件が起きたのは、そんなことを考えていた時のこと。

利益さえ稼げば、何やってもいいわけじゃない！ ―CSR―

「ちょっと。これ賞味期限が切れてるじゃない」好美がテーブルの上に置かれたマヨネーズの賞味期限を見ている。

「えっ。ホンマ？ 賞味期限はいつやねん？」新平が調理場から出て来た。童顔にしても、苦い顔をすると、大学生らしくはなる。それにしても大阪の言葉って憎めない。

「3日前だ。これどうしたんだ？ 健介は？」弘樹も気がつかなかったみたい。

「なんだよ。何か問題？」有美子につれてこられた健介がいつもの口調。

「賞味期限よ」私が詰問した。

「マヨネーズだろ。大丈夫だよ。お客さんから苦情でも出たのかよ？」

「お客さんからの苦情はないわ。幸いというか、体調を悪くした人もいないみたいだけど」

「そうだろ。これ家からもってきたんだ。少しでも、コストを節約しようと思ってな。お袋も、1週間ぐらいの賞味期限切れは問題ないってさ」健介は、自分のしたことを反省するつもりはない。むしろ、得意がっているみたい。

「確かに。俺んちも1カ月くらいだったら賞味期限切れの食品を食べちゃうよ。モノによるけどな」あご髭の翔太も、問題ないっていう感じ。

「うん。まあ家ではそれでいいんだけど、大学の文化祭だろう。公的な場で、飲食店だからね。CSRって知ってるだろ?」

弘樹は人事のみならず、総務の仕事もしている。特定の部門で処理できない問題は、すべて総務で処理しなくちゃいけない。もちろん、社長の私も同じ。

「CSR? 知らない。何だそれ?」健介は戸惑いながらいつものように質問した。

「企業の社会的責任だよ」

「Corporate Social Responsibility の略だね」

「企業の社会的責任かよ。それってなんだい。企業は利益を稼ぐためにあるんじゃないのかよ?」健介が弘樹にくってかかっている。

「もちろん、利益を稼がなきゃ、企業は駄目だよ。営利企業はね。だけど、利益さえ稼げば何やってもいいってわけじゃないだろ」弘樹が冷静に答えた。

「そりゃ、当たり前だよ。犯罪は駄目だよな」

「そうだろ。犯罪っていうと、殺人とか窃盗とかを考えちゃうけど、俺たちの活動って、いろいろな制約があるよね」

「どんな?」

「タバコのポイ捨て禁止とか、電車のなかでのケータイ電話の禁止なんかもそうだし」

「そんなのいくらでもあるじゃん」

「そう。企業も同じだよ。企業っていうのは法人。俺らは自然人だけど、法律上の人格をもっていて、法人としてのルールやマナーがあるわけ」

「法令順守、**コンプライアンス**っていうやつね」有美子が口をはさんだ。

「法令だけでなくて、道徳的なマナーなんかもね」

「それは良くわかる」健介はうなずいている。その素直さ、なんとなく可愛いかな？

「自分の家で納得している場合はいいんだけど、企業にはたくさんの**ステークホルダー**がいるじゃない」

「なんだよ。ステーキ？」

健介の応答に笑いながら、有美子が一言。

「ステーキじゃないよ。ステークホルダー。利害関係者のことよ」

「利害関係者か。それで、どんな関係者？」

「株主はもちろんだけど、従業員もそうだし、顧客や地域の人びと、国や地方なども関係するでしょ。そういう関係者に対して、法令を順守し、マナーを守った活動をしなきゃダメッていうことよ」有美子は健介を諭すような話し方になった。

「賞味期限切れは、ＣＳＲに反するってことになるわけ？」

「そうだろうな。俺やおまえんちなら問題ないけど」

「私人じゃないんだよね。私たちの活動は公人の活動なんだ。みんなに見られている。模範的な活動が必要になるから、社会貢献も視野に入れなきゃいけない」私も調子にのって口を出した。話の流れを聞いていれば、誰でも言えるようなことなんだけど。

「賞味期限切れの商品を売ったりしたら、企業は大変じゃない。牛肉偽装だとか、北海道の何とかっていう有名なお菓子も問題が発覚すると対応に追われたよね」有美子が思い出すように話した。

「教子、どうしよう？」弘樹が私の方を見て指示を仰いだ。お前がリーダーだっていう顔をして。

「もう、賞味期限切れのマヨネーズをつけて食べちゃった人いるよね。お詫びのチラシを刷りましょう。もしマヨネーズをつけて食べちゃった人には、お金を返すことにしましょう」

「え～。お金を返すの？　そこまでしなくてもいいんじゃない。マヨネーズつけなかった人だって、つけたって言うかもしれないし、うちで食べていない人まで言ってきたら？」健介は、自分のしたことの大きさを実感したんだろう。

「レシートも出していなかったね。大失敗だわ」有美子は経理の責任を感じている。


多くの企業で不祥事が発覚する。経営者自らが指示する場合もあるし、現場の従業員が企業に良かれと思ってしたこともあるだろう。経営者の資格って、大変なんだ。やぱり、リーダーシップについて、もう一度考えなくちゃ。

お詫びのチラシを作成して、みんなで配った。でも、お金を返せという人はいなかった。みんな優しいな。今日は、チラシの印刷と新しいマヨネーズの出費があったくらい。だから、不祥事はあったけど、儲かっちゃった。

あっ。健介、何やってるんだろう？ あいつ、ゴミを拾ってる。喫煙所以外の路上に捨てられているタバコの吸殻や紙コップなんかのゴミを集めてる。CSR問題に目覚めたのかな？ 私も手伝おう。

2人でゴミ拾いを始めると、みんなも協力してくれた。そして、私たちRGC以外の人たちも、自分の周囲を掃除し始めた。CSR活動って、地域社会にも根差して欲しい。

環境の変化にどう対応すれば良いのか？ ―損益分岐点分析―

3日目は、なんと雨。これじゃあ、お客は激減かも。昨日より気温も低く、肌寒い。想定外の環境変化にどう対応しようか。大雨じゃないけど、サンドウィッチを食べてくれるかな。

そんな心配をしているときに、ケータイが鳴った。あっ、横田先輩だ。

「教子さん、イーグルの横田です」

「おはようございます。今日は雨ですね」

「そうなんだ。それで、僕らのところは冷たい飲み物じゃ駄目だから、今日はホットコーヒーとポタージュスープを始めることにしたんだ」

「それ、最高ですね。売れると思いますよ」

「うん。それで、ＲＧＣにもサンドウィッチと温かいコーヒーやスープを売ってもらおうと思って電話したわけよ」

「あっ。ありがとうございます。うちもサンドと冷たいジュースっていうのは厳しいなって考えていたとこなんです」

「そうだろ。それで値段なんだけど、うちではコーヒーは１００円が売値、スープが１５０円にしようと思ってるんだ」

「いくらくらいで分けてもらえます？」

「材料だけの原価は、インスタントモノだから大したことないんだけど、お湯を沸かしたり、結構面倒なんで、コストもかかっちゃってさ。お湯を沸かすのにレンタルでコンロを借りたりしたものだからね。想定しただけ売れればコーヒーは70円くらいかな。スープは１００円ってとこ」

「想定したっていうのは？」

「レンタルのコンロが今日1日なんだけど3０００円なんだ。50杯程度売れれば損はしないけど目標としては最低１００杯っていうこと。だから、１００杯売れれば、１杯につき30円っていうところなんだ」これ、**損益分岐点分析**[17]っていって、どれだけ売れれば収支トントンかっ

(17) 損益分岐点

損益分岐点は、固定費と変動費、それに販売価格を知ることで計算できる。固定費とは、生産量や販売量に関係なくかかる一定の費用。たとえば、従業員の固定給や家賃、地代、電気・ガス・水道代などの基本料金、設備・建物の減価償却費などである。ここでは、レンタル・コンロのレンタル代3,000円が1日の固定費という位置づけである。変動費は、生産量や販売量に応じて増加する費用である。原材料費や基本料金以外の水道光熱費などである。コーヒーやスープの原材料費は変動費である。

単純な計算をしてみよう。ある製品をつくるための固定費が、3,000円、1個あたり材料費が40円としよう。販売価格は100円である。損益分岐点は、総収入（TR）と総費用（TC）が等しくなる売上高や販売量・生産量（Q）である。

そこで、総収入（TR）＝総費用（TC）となるようなQを計算すればよい。

総費用（TC）は固定費（FC）と変動費（VC）の和であり、

VC＝40円×Qであるから、TC＝3,000円＋40円×Qとなる。

TRは、100円×Qであるから、TC＝TRとなるQの計算は以下のように簡単である。

$$100円 \times Q = 3{,}000円 + 40円 \times Q$$
$$60円 \times Q = 3{,}000円$$
$$Q = 50$$

50コ販売すれば収支トントンということである。

一般には以下のように求める。

$$損益分岐点 = \frac{固定費}{限界利益}$$

限界利益は売上高から変動費を控除したものである。

$$損益分岐点売上高 = \frac{固定費}{1-変動費率} = \frac{固定費}{限界利益率}$$

変動費率は変動費を売上高で除した値、限界利益率は限界利益を売上高で除した値である。

ていう分析。こんなふうに具体的に考えれば簡単じゃん。

「わかりました。うちでも50杯くらいのお客さんに売ります。だから、70円と100円で卸してくれます？」

私は商売人になっていた。

「もちろん、そうしてくれると助かるよ。レンタルの費用が回収できないと困るんで」

「お互いにウイン・ウインの関係になりましょう」

肌寒い文化祭では、温かな飲み物がなくちゃサンドウィッチなんか売れないよ。良かった。私は内心胸をなでおろした。


1番で大学に着くはずだった。社長たるもの、従業員の模範にもならなきゃ。でも、あんまり早すぎると、従業員は困るだろうな。就業時間っていうのがあるんだから。

そんなことを考えながら、正門をくぐるともう2人の影がある。先をこされちゃったな。

ふたりは雨用に大きなパラソルを準備しているみたい。

「あれっ。わーい、真也と絵美じゃない」

「昨日はごめん。絵美のとこに行って、予想以上にてこずっちゃった」

「悪かったわね。でも真也が悪いのよ」

「そう。俺が悪いから、謝って戻ってきてもらったわけよ」

さすが、真也は大人だな。2人が戻ってきたことは、私たちの活動に追い風となった。なんだか知らないけど、みんなやたらと張り切っている。売上は小雨のなかで昨日の50%増し。すごい。

しかも、コーヒーとスープも、うちだけで87杯も売っちゃった。やっぱり、組織は人が命なんだ。人の管理がしっかりできれば、組織の力は倍増する。倍増どころじゃないかも。

いろいろあったけど、この3日間で手元には8万円弱の現金が残った。出資金を除くと6万円弱の利益！　サークルに3万円を納めたって、3万円近くの配当は確保できた。決して多い額じゃないけど、利益が出たことで急に力が抜けちゃった。

だけど、しっかり反省しなくちゃ。成功体験は失敗の原因にもなるから。どうして成功したのか、なぜ失敗しなかったのかをきちんと分析するのが大事。継続企業は、日々の反省が新しい計画に生かされていくのよね。P－D－SやP－D－C－Aサイクルだもの。

SPFが終わり、2〜3日もすれば、いつもどおりの練習と授業の繰り返し。でも、前とはちょっと違うぞ。ちょっとどころじゃないかも。絵美は、ファッションだって言っていたのに、やたらとサークルの活動に口を出すようになった。

文化祭ではサンドウィッチ屋が私にとっての公式組織だったけど、いまやサークルが公式組織。ＳＰＦという活動を通じて、ゴルフサークルの活動は活性化した。これは間違いない。活動資金だけじゃないよ。人的な資源が蓄積した感じなんだ。

まだ教室には、先生が来ていない。私のお気に入りの前から3列目の席が空いていた。よかった。コートを脱いで筆記用具を出していると先生が来た。いつもよりちょっとお洒落じゃない。

今日の授業も楽しみ。就職活動が近くなると、これまで以上に経営学が面白くなってきた。

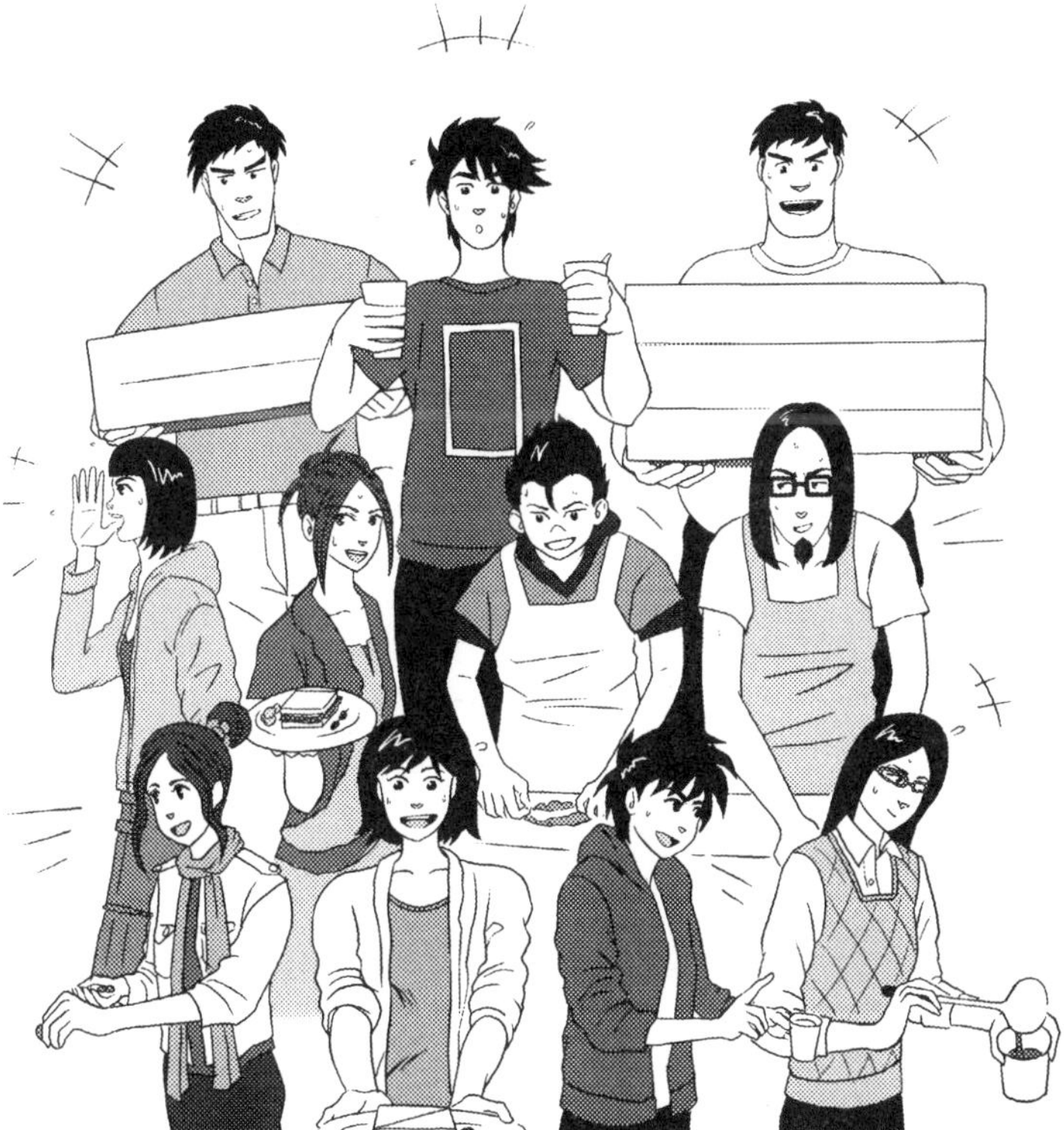

221　第10章　PDS（PDCA）の働きと新事件—利益さえ稼げば、何やってもいいわけじゃない！

コラム 「事業提携」について　絵美からの質問

「絵美です。先生、実際の企業の提携例を教えていただけませんか？」

「新聞を読んでる？　毎日のように提携話が出ているよ。企業がコア・コンピタンスを認識して選択と集中をするとどうなるかな？」

「得意な分野で勝ち残れます」

「そう。だけど、不得意な分野の仕事はできない。しちゃいけないんだけどね。新たなビジネスモデルは、自分のできる仕事以外の仕事をしなくちゃだめだろ」

「そうですよね。同じ仕事じゃ、新しいビジネスモデルじゃないもん」

「そうだろ。だから、選択と集中をしっかりと行っている企業が新しいビジネスモデルを構築するときには他の優れた企業をパートナーに選ぶわけだ」

「たとえば、トヨタは松下と提携して、ハイブリッド車に搭載する電池を開発したり、共同で出資して工場をつくり、電池を生産したりしている。互いに苦手な分野を補完しあうような提携は多いんだ。ここ2～3日の新聞だけでもたくさんあるぞ。ヤフーは知ってるよね。有力22誌と連携してネットで雑誌を楽しめるようにするって。こうした提携が生まれるのは、双方に理由があるんだね。出版社にとっては、雑誌販売が低迷しているから、新たな収益源を考えている。ネットの広告収入を分けてもらえたり、記事提供料を受け取ることができれば助かるわけだ。一方、ポータルサイトは、魅力的なコンテンツを充実させることで広告スポンサーの集客力を高める」

「お互いにメリットがあるんですね」

「まだあるよ。この記事見てごらん。ヤマトと電通の提携という記事だよ。ダイレクトメールを配達する事業で電通など広告代理店15社と提携し、代理店の営業網やノウハウを生かし、企業需要の開拓と新たな広告手法の開発を行うという内容だ。

競争関係にある企業同士でも提携するんだよ。液晶パネル事業では、ソニーはサムソン電子やシャープと提携している。大規模な設備投資額の回収にはできるだけ大きな市場シェアが必要だし、共同出資で合弁会社をつくれば資金調達も楽になる。研究開発費の負担も重いから、お互いに利益になると思えば、競争相手とも手を結ぶんだ。三洋とシャープも液晶パネルの調達などで提携しているし、松下とソニーもデジタル家電機器向けにLinuxを共同開発していくらしい」

「提携とM&Aは違うんですか?」

「提携は、仕事を一緒にやりましょうということ。だから、双方にメリットがなくなれば、自然に関係が希薄化しちゃう。どちらか一方のメリットが薄れても同じだよね。双方にメリットがないと長続きしない。M&Aは合併や買収。資本が結合するから、片方が一緒に仕事をするメリットがなくなったからといっても、仕事がなくなるわけではない。一緒に仕事することで、どちらかのメリットではなく、企業全体としての価値が高まれば成功なんだ。もちろん、失敗しても、簡単に解散するわけにはいかないよね。資本が結合するというのは、それぞれの従業員が1つの会社で働くことになっているわけだ。だから、企業を継続させなければいけないんだね」

「よくわかりました。どんな提携やM&Aが行われるか、興味がもてるようになりました」

教子のエピローグ

私は卒業後、大手家電メーカーに就職した。国内で1年間働いた後、ヨーロッパ勤務を命じられ、5年間がむしゃらに働いた。苦労したのは、コミュニケーション。

経営学はわかっても、コミュニケーションができなきゃ意味がない。だけど、経営学を知らないとコミュニケーションすべき内容がない。語学の力は、威張れるものじゃなかったけど、経営学のメガネは世界共通だった。もちろん、メガネの色は多少違うけど。

大学の授業は役に立った。今でもそう思っている。だけど、経営学は経営の問題に答を出してはくれない。答えるのは、経営学を学んだ私なんだ。経営学っていうのは、答えのない問題を考えるための学問。これがわからないと経営学の面白さはわからない。大学1年のとき、文化祭で経営学のパズルを出されたけど、今になっても答えを探し続けている。これが楽しいんだ。

それにしても、教授たちの授業はうまくなかったなぁ。時々面白い先生もいたけど、ほとんどの教授は会社じゃ出世できない。些細な問題を延々と講義したり、実務とは無関係な試験問題を出したり。

私は、授業を聴きながら、つまらない些細な問題を無視して、これだって思う問題に集中した。そしたら、経営学が面白くなったんだ。試験問題や答案はすっかり忘れている。友達は、下手くそな教授の駄洒落ばかりを覚えていたっけ。

いま30歳。帰国して本社にいる私は、経営的なセンスを身につけている。意思決定は、膨大な意味のない情報を捨てて、肝心な情報だけを取り上げる能力なんだ。そして、エイって決断する。大学の教授には、こうした決断力はないよね。

私のリーダーシップは、教授にはない決断力。そして、決断したら責任が伴う。責任を果たすのも立派なリーダーシップ。部下を持つ立場になってわかるけど、責任を取れない上司なんて最悪。そんな上司にはならないようにしよう、これからも。

もう一度大学に戻って勉強したいな。今度はMBAめざして、経営学のパズルに挑戦だ！

登場人物紹介……立教大学のゴルフサークル（RGC）に所属する11名。
全員3年生だけど主な舞台は1年生のときの話。

主人公は、私、松田教子。立教大学の経営学部。大和撫子といいたいところだけど、いまは小麦色に日焼けしたジーンズ好きの女子大生。スタイルには自信があるんだけど恋人は見つからない。ボーイフレンドには不自由してないんだけど。

工藤弘樹も経営学部。高校時代はサッカー少年。結構イケメン。私の好みのタイプ。勉強をしているくせに、遊び人の振りしてる。

中里有美子も同じくクラスメイト。超まじめな堅物。めがねの向こうからの鋭い視線には誰もさからえない。練習も勉強も超熱心。成績はピカイチ。背が高く、体力も抜群。

今井枝理は、理学部の学生。無口だけど、芯がある。私は似たタイプだと思ってるけど、誰もそう思ってないみたい。ちょっと痩せすぎかな。

山田新平は経済学部。大阪の出身なのに、珍しく東京弁（標準語？）で話そうとする。だけど、東京弁とは程遠い、とっても変な関西弁になってることを、本人は気づいていない。にきびもひげも生えていない中学生のような顔で、おかしな方言で熱弁をふるう。

神谷翔太も経済学部。1年生のときから、あご髭を生やし、新平とは対照的。口数は少ないが、彼の発言はなんとなく説得力がある。鉄道ファンで将来は鉄道会社に入社しようと思っている。

榊原夢子は文学部の学生らしく、ふわふわしている。笑顔の素敵な可愛い女性。京都の出身で、着物でも着せたら似合うだろうな。

吉岡健介は社会学部。男子のなかでもっとも子供っぽい。おしゃべりで、人見知りしない。性格はいいけど、ちょっとうるさいな。ぽっちゃりタイプの行動派おしゃべり。

佐藤好美は社会学部。女子のなかでもっとも体育会系。容姿が体育会ということではなく、性格的な面。はっきりした大きな声で挨拶ができ、先輩を敬う態度は完璧に体育会。顔が童顔なので、体育会的態度が妙にかわいらしい。マスコミが合ってるかも。

増谷真也は、法学部。大学入学時にゴルフの経験があったのは真也だけ。筋肉マンのような体型だ。練習熱心だけど、他人の練習にも厳しい。律儀な性格が、ときどきいざこざの元。

進藤絵美は観光学部。彼女は少々神経質。モデルのような容姿なのに、男子のことばに過敏に反応する。トゲのある発言で、トラブルメーカーになる。

亀川雅人教授。

参考文献

アダム・スミス著　山岡洋一訳（２００７）『国富論　国の豊かさの本質と原因についての研究』上・下　日本経済新聞社。

亀川雅人編著（２００７）『企業価値創造の経営』学文社。

亀川雅人・高岡美佳編著（２００７）『ＣＳＲと企業経営』学文社。

亀川雅人（２００６）『資本と知識と経営者』創成社。

亀川雅人・庄司貴行編著（２００６）『ビジネスクリエーターとビジネスデザイン』創成社。

亀川雅人編著（２００６）『ビジネスクリエーターとホスピタリティ』創成社。

二神恭一編著（２００６）『新版ビジネス経営学辞典』中央経済社。

小林末男監修（２００６）『現代経営組織辞典』創成社。

亀川雅人編著（２００５）『ビジネスクリエーターと人材開発』創成社。

亀川雅人編著（２００５）『ビジネスクリエーターと企業統治』創成社。

亀川雅人編著（２００４）『ビジネスクリエーターと企業価値』創成社。

亀川雅人・高岡美佳・山中伸彦（２００４）『入門現代企業論』新世社。

亀川雅人・鈴木秀一（２００３）『入門経営学（第2版）』新世社。

亀川雅人・松村洋平（２００２）『入門経営財務』新世社。

亀川雅人・有馬賢治（２０００）『入門マーケティング』新世社。

亀川雅人・松村洋平（１９９９）『入門経営戦略』新世社。

亀川雅人（１９９８）『新版企業財務の物語』中央経済社。

あとがき

本書は、中学生から読める経営学の入門書、入門の入門を意図している。しかし、読者層は、おそらく中学生ではないだろう。大学進学を考えている高校生でもないかもしれない。むしろ、経営学を学ぶ大学生や新入社員、さらには企業の管理職から社長まで対象としている。

経営学は、決して一筋縄でいくような学問ではない。経営者の意思決定は、無限にある選択肢のなかから最良なものを選ぼうとしている。私たちの意思決定は、さまざまな要因が関わっている。一見すると合理的な判断と思われる意思決定も、感情的で非合理なものかもしれない。

経営者は、自らが直面した状況において、合理的な意思決定を迫られる。だが、経済的見地から合理的な判断でも、社会的な視点や心理的アプローチからは不合理なものかもしれない。経済学というメガネをかけるとき、社会学のメガネをかけるとき、心理学のメガネをかけるとき、それぞれで対象は異なる姿に映る。その他にも、会計学や商学、法学や哲学といったメガネもかけねばならない。加えて、メガネをかけたままで顕微鏡や望遠鏡をのぞく。そのため、経営学は、きわめて学際的な学問領域となる。

学際的学問は、その全体像を簡単には把握させない。目隠しをして象を触るようなものだ。長い鼻を触った人は、経営学をどのような学問と考えるだろうか。大きな団扇のような耳を触った人はどうだろう。足を触った人、お腹や尻尾を触った人は、それぞれに経営学をイメージするだろう。

本書は、できるだけ特定の部分に深入りせず、多くの部分に触ることを試みた。経営学を学ぼうとする人は、何を学ばねばならないのかがわからない。本書は、学ぶべき対象を明らかにしようという試みである。

ミステリードラマを意識したフィクションであるが、大学や学部、それに亀川という教授（私）は実在する。その他のサークルや模擬店、主人公の教子をはじめとした登場人物は架空のものである。

本書の執筆にあたり、粟屋仁美さん、寺内理恵さん、久保田潤一郎さん、八木麻衣子さん、北見幸一さん、永岡英則さん、小具龍史さん、そして小野美和さんに貴重なアドバイスをいただいた。8名とも、立教大学大学院ビジネスデザイン研究科を修了したMBAホルダーである。粟屋さんは、広島の大学で経営学を教える准教授、寺内さんは、大手製菓メーカーの製品開発、久保田さんは、大手メーカーのCSRに携わり、八木さんは、聖マリアンナ医科大学病院で医療に従事する。4名とも、DBAコース（博士課程後期課程）に在籍している。北見さんは、MBA取得後に経済学研究科経営学専攻の博士課程に進学、現在は北海道大学大学院メディア・コミュニケーション研究院の助教である。永岡さんと小具さんは、ＭＢＡ取得後に経営学研究科博士課程に在籍する。永岡さんはＩＴ企業のＣＦＯ、小具さんは大手金融系コンサルティング会社に勤務。そして、小野美和さんは、投資業務に携わるキャリアウーマンである。ここで改めて感謝申し上げる。

最後に本書の出版を企画した塚田尚寛氏の勇気に感服する。本書によって経営学の世界が多少とも広げられることを期待している。

亀川雅人

２００８年２月14日・バレンタインデー

《著者紹介》

亀川雅人（かめかわ・まさと）

1954年東京生まれ。立教大学経営学部教授。同大学院ビジネスデザイン研究科教授。博士(経営学)。大学での講義、執筆活動のほかに、立教大学ビジネスクリエーター創出センター長として、創造的な事業構想力をもつ人材育成のための新たな研究領域の開発を行っている。主要著書には、『資本と知識と経営者』、『ビジネスクリエーターシリーズ（全5巻)』いずれも小社刊、『入門 経営財務』（新世社)、『日本型企業金融システム』（学文社)、『企業財務の物語』（中央経済社)、『企業資本と利潤』（中央経済社）など多数ある。

（検印省略）

2008年7月25日　初版発行　　略称―株式会社計画

10代からはじめる株式会社計画

―経営学 vs 11人の大学生―

著　者　亀川雅人
発行者　塚田慶次

発行所　東京都豊島区池袋3－14－4　**株式会社 創成社**

電　話 03（3971）6552　　FAX 03（3971）6919
出版部 03（5275）9990　　振　替 00150-9-191261
http://www.books-sosei.com

定価はカバーに表示してあります。

©2008 Masato Kamekawa
ISBN978-4-7944-2293-4 C0034
Printed in Japan

組版：ワードトップ　印刷：S・Dプリント
製本：宮製本所
落丁・乱丁本はお取り替えいたします。

創成社の本

なぜ，子どもたちは遊園地に行かなくなったのか？

白土　健・青井なつき［編著］

惜しくも閉園してしまった老舗遊園地の夢の軌跡をたどるとともに，近年のテーマパーク台頭の背景を探った。

創成社新書 21

自分のキャリアを磨く方法
—あなたの評価が低い理由《わけ》—

山本　寛［著］

なぜ，あなたの評価は低いのか？キャリアが発達する，またキャリアをデザインするということに重点をおき，筆者の実体験を踏まえながら，わかりやすく解説した。

創成社新書 22

定価（本体800円＋税）

お求めは書店で

店頭にない場合は、FAX03（3971）6919か、TEL03（3971）6552までご注文ください。
FAXの場合は書名、冊数、お名前、ご住所、電話番号をお書きください。
ご注文承り後4～7日以内に代金引替でお届けいたします。